Aufläufe und Gratins

Printed in EEC.
ISBN: 3-85049-433-0

DIE LEICHTE KÜCHE

AUFLÄUFE UND GRATINS

*Das moderne Kochbuch für alle,
die kreativ kochen wollen.*

Inhaltsverzeichnis

Aus dem Ofen auf den Tisch

Sie duften verführerisch, sind wunderbar vorzubereiten, einfach in der Zubereitung und attraktiv in der Präsentation; ihr Rezeptschatz reicht von ganz einfach, nur aus einem Produkt hergestellt, bis zum aufwendigen Allerlei mit feinen Beigaben; sie sind als Vorspeise genauso beliebt wie als Beilage, Hauptspeise und sogar als Desserts. Diese und noch viele weitere Attribute lassen sich den Ofengerichten zuordnen, die schon immer und für jeden Geldbeutel zu den begehrten Zubereitungen zählten. Mögen sie manchem vor allem als Resteverwertung geeignet erscheinen, so wissen andere doch den besonderen Geschmack zu schätzen, der sich durch das »Zusammenbacken« harmonisch abgestimmter Zutaten ergibt und der durch die feine Krustenbildung zu einem wahren Erlebnis wird. Einen Versuch sind Aufläufe und Gratins allemal wert.

Was aber ist eigentlich ein Auflauf, was ein Gratin? Diese Begriffe werden häufig synonym gebraucht oder einfach verwechselt, sprich: falsch angewendet. Küchentechnisch gibt es aber eine klare Abgrenzung. Der Auflauf - er heißt auch Soufflé - besteht aus einer fein gewürzten Masse, die aus pürierten oder stückigen Zutaten zusammengesetzt sein kann. Durch die Zugabe von steifgeschlagenem Eiweiß geht diese Masse beim Garen im Ofen in die Höhe, sie »läuft auf«. Das Soufflé als die anspruchsvollere Variante ist von zarter Beschaffenheit und hochempfindlich. Es muß aus dem Ofen sofort auf den Tisch, damit es nicht zusammenfällt. Gerade in der deutschen Küche ist der Auflauf in der Regel eine deftigere Angelegenheit. Es können mehrere Zutaten vermischt oder geschichtet und mit verquirlten ganzen Eiern übergossen werden. Gemüse, Fleisch, Nudeln, Reis, aber auch Früchte und Brot bzw. Kuchen sind beliebte Zutaten für die Grundmasse. Während ein Soufflé immer in einer geradwandigen, innen glatten, offenen Form im Ofen gegart wird, sind für den Auflauf - je nach Masse - flachere und hohe Formen recht, selbst ein Bräter kann bei größerer Menge eingesetzt werden.

Ein Gratin ist zunächst einfach ein überkrustetes Gericht (französich »gratin« heißt Kruste). Man sagt »gratinieren«, wenn ein Gericht im Ofen überbacken wird, um die typische Kruste zu bekommen. In der Regel werden vorgegarte Zutaten - hierbei sind Reste wirklich bestens zu verwerten - in eine flache Form gegeben und mit einer gewürzten Eiermilch oder Eiersahne übergossen und mit geriebenem Käse, Brot- oder Semmelbröseln, nach Belieben und Geschmack auch mit geriebenen Nüssen oder geschrotetem Getreide bzw. Getreideflocken bestreut. Was sich unter der Kruste versteckt, bleibt oft die Überraschung. Ein eingeschichteter Gratin, beispielsweise aus Zucchini- oder Kartoffelscheiben, bietet zusätzlich zur Kruste eine interessante Optik.

Die Zutaten eines Auflaufs müssen vollständig garen. Er muß deshalb bei mittlerer Hitze langsam garen, um ein gleichmäßiges Ergebnis zu erzielen. Anders beim Gratin: Die Zutaten sind vorgegart und nur flach in die Form gegeben. Neben dem Erhitzen mit nur noch geringfügigem Garprozeß ist die Krustenbildung entscheidend. Das wird am besten mit Oberhitze erreicht bzw. je nach Anweisung des betreffenden Geräteherstellers.

Was die verwendeten Formen betrifft, ist heute in den Haushaltswarengeschäften ein großes Angebot zu finden. Neben schlichtem Glas gibt es einfarbige, bunte und bemalte Keramik und Spezialmaterialien, nur noch selten Metall. Allen gemeinsam ist das Merkmal »ofenfest«, das heißt, sie müssen die Backofenhitze von mindestens 250 °C aushalten. Viele Mikrowellengeschirre erfüllen diese Voraussetzung. Der Auflauf wird in der Form serviert, ein hübsches Aussehen der Form bereichert damit den gedeckten Tisch.

Übrigens: Wenn nicht anders angegeben, sind die Rezepte in diesem Buch für 4 Personen berechnet.

Folgende Abkürzungen wurden verwendet:

EL	Eßlöffel
TL	Teelöffel
l	Liter
ml	Milliliter
g	Gramm
kg	Kilogramm

Aufläufe

Deftig, fein und süß- für jeden Geschmack etwas

Pikantje van

Zucchini-Weizen-Auflauf

- 60 g Weizenkörner
- 500 g kleine Zucchini
- 10 g Butter
- 500 g frische Möhren
- 150 g Käse zum Reiben (Pikantje van Gouda)
- 1/4 l süße Sahne
- 2 EL Crème fraîche
- 4 Eier
- Salz
- frisch gemahlener Pfeffer
- frisch geriebene Muskatnuß
- 30 g Butter für die Form und als Flöckchen zum Belegen

Die Weizenkörner gut waschen, in eine Schüssel geben, mit Wasser bedecken und über Nacht einweichen. Am nächsten Tag in einen Topf umfüllen, im Einweichwasser ca. 30 Minuten garen.

Die Zucchini waschen, Blüten- und Stielansätze abtrennen, die Früchte mit der Schale in Scheiben schneiden. Die Möhren putzen, waschen und auf einer Gemüsereibe grob raffeln. Die Zucchinischeiben 5 Minuten in der Butter dünsten. Den Käse auf einer Gemüsereibe frisch raffeln..

Sahne, Crème fraîche, Eier und Gewürze verquirlen. 100 g geriebenen Gouda und die Hälfte der Weizenkörner daruntermischen.

In eine mit Butter ausgefettete ofenfeste Form abwechselnd die Zucchinischeiben, die Käse-Eiercreme und die geraffelten Möhren einschichten. Mit dem restlichen Käse und Weizenkörnern bestreuen, dann Butterflöckchen aufsetzen.
Im vorgeheizten Ofen bei 200 °C ca. 20-30 Minuten backen.

Zucchini-Auflauf

- 400 g Zucchini
- Salz
- 500 g Kartoffeln
- Öl für die Form und zum Braten
- frisch gemahlener Pfeffer
- Rosmarin, frisch oder getrocknet
- 3 Zwiebeln
- 2 Knoblauchzehen
- 350 - 450 g gemischtes Hackfleisch
- frisch geriebene Muskatnuß
- 1 Bund Schnittlauch
- 3 Eier
- etwas Milch

Die Zucchini waschen, mit der Schale in ca. 1,5 cm dicke Scheiben schneiden und in einer Schüssel kräftig einsalzen. Etwa 1/2 Stunde stehen lassen, bis die Zucchini Saft gezogen haben.

Die Kartoffeln schälen, waschen und auf der Gemüsereibe grob raffeln.

Eine Auflaufform mit Öl auspinseln und die geraffelten Kartoffeln einfüllen. Salzen, pfeffern und mit etwas Rosmarin würzen. Im vorgeheizten Ofen bei 200 °C 25 Minuten backen.

Nun die Zwiebeln und die Knoblauchzehen schälen, klein hacken und in wenig Öl in einer Pfanne anbraten. Das etwas aufgelockerte Hackfleisch zugeben und mitbraten, dabei ständig mit der Bratschaufel wenden und braten, bis es krümelig wird und eine leicht graue Farbe angenommen hat. Mit Salz, Pfeffer und Muskat würzen. Den Schnittlauch waschen, mit der Küchenschere klein schneiden und darüberstreuen.

Die Hackfleischmischung auf den Kartoffeln ausbreiten und dann die mit Küchenpapier abgetrockneten Zucchinischeiben dachziegelartig über das Hackfleisch schichten.

Die Eier mit etwas Milch verquirlen und über die Zucchinischeiben in die Form gießen.

Bei 200 °C im vorgeheizten Ofen in ca. 1 Stunde stocken lassen.

Spinat-Tomaten-Auflauf

- 1 kg Spinat
- 2 Zwiebeln
- 60 g Butter
- frisch geriebene Muskatnuß
- Streuwürze
- 300 g Beefsteak-Hackfleisch
- Salz
- frisch gemahlener Pfeffer
- 2 große Fleischtomaten
- 150 g Crème fraîche
- 2 Eier
- 125 g geriebener Holland-Maasdamer-Käse
- 20 g Pinienkerne

Den Spinat verlesen, waschen und abtropfen lassen. Die Zwiebeln schälen und in dünne Ringe schneiden.

Butter in einem weiten Topf zerlaufen lassen und den Spinat darin 2 Minuten dünsten. Mit Muskat und Streuwürze abschmecken und in eine feuerfeste Form füllen.

Die Zwiebelringe in der restlichen Butter goldbraun rösten und beiseite stellen.

In einer trockenen Pfanne das Hackfleisch braten, salzen und pfeffern. Dabei mit der Bratschaufel ständig wenden und so lange braten, bis es krümelig wird und eine leicht graue Farbe angenommen hat. Die Tomaten kreuzweise einritzen, mit kochendem Wasser überbrühen, häuten und vierteln. Zwiebeln, Hackfleisch und Tomatenviertel so zwischen den Spinat setzen, daß sie gleichmäßig verteilt sind und sich eine hübsche rotgrüne Optik ergibt.

Crème fraîche mit den Eiern und 60 g Käse verrühren und über den Auflauf verteilen. Den restlichen Käse und die Pinienkerne darüberstreuen. Im vorgeheizten Ofen bei 200 °C ca. 30 Minuten backen.

Dazu schmeckt knuspriges Brot besonders gut, nach Belieben frisch getoastet oder im Ofen kurz aufgebacken.

Weißkohl-Auflauf

1/2 Kopf (etwa 500 g) Weißkohl
1/2 l Fleischbrühe
20 g Butter
300 g Hackfleisch
Salz
frisch gemahlener Pfeffer
Butter für die Form
150 g alter Holland-Gouda
3 Eier
Kümmel (nach Belieben)

Den Kohl putzen, in Achtel zerteilen und diese in grobe Stücke schneiden. In eine Schüssel füllen und mit der heißen Brühe übergießen. Zudecken und 10 Minuten ziehen lassen. Herausheben und abtropfen lassen.

Die Butter in einer Pfanne erhitzen und das Hackfleisch darin kurz anbraten, es soll gerade krümelig zerfallen. Dabei ständig mit der Bratschaufel wenden. Salzen und pfeffern.

Hackfleisch und Weißkohl vermischen. Eine Auflaufform ausbuttern und die Mischung einfüllen.

Den Käse in gleichmäßige Würfel von etwa 1 1/2 cm Kantenlänge schneiden und gleichmäßig über die Weißkohlmischung verteilen.

Die Eier in einer kleineren Schüssel verquirlen, salzen, pfeffern und nach Belieben mit 1/2 Eßlöffel Kümmel würzen. Kümmel paßt nicht nur sehr gut zu Kohlgerichten, er macht sie auch leichter verdaulich. Die Eier gleichmäßig über den Auflauf gießen.

Die Form mit einem Deckel - eine Bratreine mit einer Alufolie - verschließen und bei 200 °C in den vorgeheizten Ofen schieben. 30 Minuten backen. Die letzten 10 Minuten den Deckel bzw. die Folie entfernen, damit die Oberfläche knusprig wird.

Mangold-Auflauf

- 1 kg Mangold
- Salz
- 1 Zwiebel
- 40 g Butter
- 1/2 EL Mehl
- 1/4 l Milch
- frisch gemahlener Pfeffer
- Butter für die Form
- 35 g Butterflöckchen zum Belegen
- 100 g geriebener Emmentaler

Den Mangold waschen. Die Blätter abtrennen und die stärkere Mittelrippe herausschneiden. Die Stiele grob zerteilen. In kochendem Salzwasser kurz blanchieren, die Blätter ca. 5 Minuten, die Stiele etwas länger. In ein Sieb schütten, abtropfen lassen und fein hacken.

Die Zwiebel schälen und würfeln. In der Butter hellbraun angehen lassen, mit etwas Mehl überstäuben und 5 Minuten schwitzen lassen. Die Milch aufgießen und mit dem Schneebesen schön glatt verrühren. Mit Salz und Pfeffer abschmecken.

Eine Auflaufform ausbuttern. Den Mangold schön gleichmäßig einfüllen und mit der Sauce begießen. Den geriebenen Emmentaler darüberstreuen und mit Butterflöckchen besetzen.

Im vorgeheizten Ofen bei 240 °C (mittlere Schiene) 10 Minuten überbacken.

Chinakohl-Auflauf

- 2 Köpfe Chinakohl
- 1 l Brühe
- 2 Zwiebeln
- 150 g durchwachsener Speck (Dörrfleisch)
- Butter für die Form
- 80 g geriebener Emmentaler
- 1/8 l saure Sahne
- 1 EL kleingehackte Petersilie
- Salz
- frisch gemahlener Pfeffer
- Butterflöckchen zum Belegen

Den Chinakohl der Länge nach durchschneiden und der Länge nach jede Hälfte in 4 Stücke schneiden. Die Stücke in grobe Streifen schneiden und in der Brühe ca. 15 Minuten garen, im Schnellkochtopf etwa 3 Minuten. Herausnehmen und abtropfen lassen.

Die Zwiebeln schälen und würfeln. Den Speck ebenfalls würfeln und beides zusammen glasig braten.

Eine Auflaufform gut ausbuttern. Abwechselnd den Chinakohl, die Speck-Zwiebel-Mischung und darauf ca. 50 g geriebenen Emmentaler einschichten, mit Butterflöckchen belegen.

Die saure Sahne mit Petersilie, Salz und Pfeffer verrühren und über den Auflauf gießen. Noch einmal ca. 30 g geriebenen Käse daraufstreuen.

Im vorgeheizten Ofen bei 200 °C 15-20 Minuten backen, bis der Käse geschmolzen und eine goldgelbe Kruste entstanden ist.

Chicorée-Auflauf

- 4 Chicoréestauden
- Salz
- 1 EL Zitronensaft
- frisch geriebene Muskatnuß
- 50 g durchwachsener Speck
- 1 Zwiebel
- 400 g gemischtes Hackfleisch
- frisch gemahlener Pfeffer
- 1 zerdrückte Knoblauchzehe
- Butter für die Form
- 8 EL frisch geraspelter Emmentaler
- 4 EL Semmelbrösel
- Butterflöckchen zum Belegen

Die Chicoréestauden putzen, die Blätter einzeln ablösen und dabei die Strünke wegschneiden. Die Blätter in kochendem Salzwasser mit Zitronensaft und Muskat 5 Minuten blanchieren. Anschließend in ein Sieb schütten und gut abtropfen lassen.

Den Speck fein würfeln. Die Zwiebel schälen und fein hacken. Den Speck in einer Pfanne ausbraten, die Zwiebel zugeben und goldgelb anschwitzen. Das Hackfleisch zugeben und unter Rühren 5 Minuten braten. Es soll krümelig zerfallen und seine rote Farbe verlieren. Mit Salz, Pfeffer und Knoblauch abschmecken.

Eine Auflaufform mit Butter ausstreichen, Chicorée und Hackfleisch einschichten, das Hackfleisch jeweils mit 2 EL geraspeltem Emmentaler bestreuen. Letzte Schicht: Chicorée, mit 4 EL geraspeltem Emmentaler und 4 EL Semmelbrösel bestreut. Butter in Flöckchen darauf verteilen.

Bei 200 °C im vorgeheizten Ofen 15-20 Minuten backen.

Kartoffelpüree ist eine harmonische Beilage zu diesem Auflauf.

Frühlings-Auflauf

- 500 g Kartoffeln
- 400 g Möhren
- 250 g Frühlingszwiebeln
- Butter für die Form
- 2 EL Maggi Klare Brühe
- 4 EL Wasser
- 20 g Butterflöckchen zum Belegen
- 3 Eier
- 3 EL Crème fraîche
- 1 Päckchen tiefgefrorene 8-Kräuter
- 100 g geriebener Käse (45 % i. Tr.)

Die Kartoffeln schälen, waschen und auf dem Gurkenhobel in Scheiben schneiden. Die Möhren putzen, waschen und ebenso in Scheiben hobeln. Die Frühlingszwiebeln putzen, waschen und in dicke Scheiben schneiden.

Eine Auflaufform mit Butter ausstreichen, die Gemüse in Lagen einschichten und mit dem Brühepulver bestreuen. Das Wasser darüberspritzen und den Auflauf mit Butterflöckchen besetzen.

Die Form mit einem Deckel oder Alufolie verschließen und bei 200 °C in den vorgeheizten Ofen schieben. Ca. 40 Minuten backen.

Inzwischen die Eier und Crème fraîche mit den aufgetauten Kräutern verrühren.

Die Form aufdecken, die Eiermischung gleichmäßig eingießen und den geriebenen Käse darüberstreuen. Weitere 15 Minuten offen backen, bis sich die Oberfläche goldgelb gefärbt hat.

Brokkoli-Auflauf

- 600 g Brokkoli
- 500 g Kartoffeln
- 2 Zwiebeln
- 30 g Butter
- 1/4 l Fleischbrühe
- Butter für die Form
- Salz
- frisch gemahlener Pfeffer
- 200 g mittelalter Holland-Gouda
- 4 Eier
- 1/8 l Milch
- frisch geriebene Muskatnuß
- 2 EL Mandelblättchen

Den Brokkoli waschen, putzen und in möglichst gleich große Röschen zerteilen. Wer es eilig hat oder keinen frischen Brokkoli bekommt, kann sehr gut Tiefkühl-Brokkoli für dieses Rezept nehmen.

Die Kartoffeln in der Schale kochen, pellen und etwas auskühlen lassen und anschließend in nicht zu dünne Scheiben schneiden. Das geht ganz einfach mit dem Eierschneider.

Die Zwiebeln schälen und fein hacken. Die Butter in einem weiten Topf zerlaufen lassen, die Zwiebeln zugeben und unter Rühren weich dünsten. Die Brühe zugießen und die Brokkoliröschen hineingeben. Frischer Brokkoli soll nur warm werden, Tiefkühlware soll auftauen und warm werden. Beiseite stellen.

Eine Auflaufform ausbuttern und die Kartoffelscheiben einschichten. Salzen und pfeffern. Den Käse frisch reiben und die Hälfte über die Kartoffelscheiben streuen.

Die Eier in einer Schüssel verquirlen, die Milch dazurühren, mit Salz, Pfeffer und Muskat kräftig würzen. In die Form gießen.

Nun den Brokkoli einschichten und mit wenig von seiner Brühe beträufeln. Mit dem restlichen Käse bestreuen und die Mandelblättchen schön gleichmäßig auf der Oberfläche verteilen.

Im vorgeheizten Ofen bei 180 °C 30-40 Minuten backen.

Kartoffel-Auflauf

- 250 g Kartoffeln
- 2 Roggenbrötchen
- 4 Eier
- 200 g Brokkoli
- Salz
- 100 g gekochter Schinken
- 125 g Butterschmalz
- frisch gemahlener Pfeffer
- frisch geriebene Muskatnuß
- 1 TL Majoran
- 1 EL feingehackte Petersilie
- Butter für die Form
- Außerdem 30 g Butterschmalz und 50 g Semmelbrösel

Die Kartoffeln in der Schale kochen. Die Brötchen in lauwarmem Wasser einweichen. Die Eier trennen, die Eiweiße steif schlagen und kühl stellen.

Den Brokkoli waschen, putzen, in Röschen zerteilen und in Salzwasser blanchieren, in ein Sieb schütten und abtropfen lassen.

Den Schinken in Rauten schneiden. Die Kartoffeln pellen und durch die Presse drücken.

Das Butterschmalz mit dem elektrischen Handrührgerät schaumig rühren. Die Brötchen gut ausdrücken, etwas zerpflücken und unter das Butterschmalz rühren. Den Eischnee, die Brokkoliröschen und den Schinken darunterheben.

Eine ofenfeste Form ausfetten, die Masse einfüllen, glattstreichen, Deckel auflegen und 40 Minuten bei 180 °C im vorgeheizten Ofen garen. Das Butterschmalz erhitzen, die Semmelbrösel darin bräunen und den Auflauf damit bestreichen.

Dazu paßt ein gemischter Salat der Saison.

Dieser Auflauf kann auch sehr gut in der Mikrowelle gegart werden. Dazu das Gerät auf höchste Stufe einschalten, die Garzeit beträgt ca. 15 Minuten.

Spinoffel-Auflauf

- 750 g mehlige Kartoffeln
- 1/4 l Milch
- 150 g magerer Räucherspeck
- 750 g Spinat
- 1 Zwiebel
- 1 Knoblauchzehe
- 2 EL Butter (40 g)
- 50 g geriebener Käse
- Salz
- frisch gemahlener Pfeffer

Die Kartoffeln schälen, waschen und auf dem Gurkenhobel in Scheiben schneiden. Die Milch aufkochen, die Kartoffelscheiben hineingeben und zugedeckt 10 Minuten bei schwacher Hitze garen.

In der Zwischenzeit den Speck würfeln und nach Ablauf der 10 Minuten zu den Kartoffeln geben.

Den Spinat verlesen, waschen und abtropfen lassen. Etwa 2 Liter Wasser in einem großen Topf aufkochen, den Spinat hineingeben und darin wenden, bis die Blätter zusammengefallen sind. Rasch in ein Sieb abgießen und in kaltem Wasser abkühlen. Gut abtropfen lassen und portionsweise mit den Händen leicht ausdrücken.

Die Zwiebel und die Knoblauchzehe schälen und würfeln. Die Hälfte der Butter in einem weiten Topf zerlassen, den Spinat darin andünsten, dabei ständig wenden, beiseite stellen.

Die Kartoffeln mit dem geriebenen Käse vermischen und mit Salz und Pfeffer abschmecken. In die Mitte einer feuerfesten Schüssel geben und den Spinat als Kranz darum anordnen.

Den Ofen bei starker Oberhitze vorheizen und die Form in die Mitte einschieben. Ca. 10 Minuten garen, die Kartoffeln in der Mitte sollen schön gebräunt sein. Bei Bedarf zuletzt ganz kurz den Grill einschalten.

Rettich-Kartoffel-Auflauf

- 500 g Kartoffeln
- 500 g schwarzer Rettich
- 300 g magerer Räucherspeck
- Butter für die Form
- Salz
- frisch gemahlener Pfeffer
- 1/4 l Fleischbrühe
- 1/2 TL Majoran
- 1 Prise Basilikum
- 70 g Butterflöckchen

Die Kartoffeln schälen, waschen und auf dem Gurkenhobel in gleichmäßig dünne Scheiben schneiden.

Den Rettich ebenfalls schälen, waschen und in ebenso dünne Scheiben schneiden.

Den Speck in lange Streifen schneiden.

Eine Auflaufform ausbuttern. In mehreren Lagen die Kartoffel- und Rettichscheiben sowie die Speckstreifen einschichten. Jede Schicht mit Salz und Pfeffer bestreuen.

Die Fleischbrühe erwärmen, die zerrebelten Kräuter einrühren und in die Form gießen. Die Oberfläche schön gleichmäßig mit Butterflöckchen belegen.

Den Ofen auf 200 bis 220 °C vorheizen, den Auflauf einschieben und in 50-60 Minuten garen.

Nudel-Hackfleisch-Auflauf

250 g kurze Röhrennudeln
Salz
400 g Rinderhackfleisch
4 EL Mazola Keimöl
2 Auberginen
2 rote Paprikaschoten
2 gepreßte Knoblauchzehen
Salz
frisch gemahlener Pfeffer
1 Zweig frischer Thymian
etwas Oregano
Butter für die Form

1/2 l Milch
6-8 gehäufte EL Mondamin
Klassische Mehlschwitze, hell
100 g Schafkäse (45 % Fett i. Tr.)
2 Becher Joghurt, á 150 g
2 Eier
Salz
frisch gemahlener Pfeffer
Zitronensaft
abgeriebene Zitronenschale

Die Nudeln - am besten eignen sich die italienischen Penne - in kochendem Salzwasser knapp gar kochen, sie sollen noch »Biß« haben. In ein Sieb schütten, kalt abschrecken und abtropfen lassen.

Das Hackfleisch unter ständigem Wenden in dem heißen Öl anbraten. Es soll krümelig auseinanderfallen und eine graue Farbe annehmen.

Die Auberginen waschen und in 1/2-1 cm dicke Scheiben schneiden. Die Paprikaschoten waschen, Samen und Scheidewände entfernen und das Fruchtfleisch in Streifen schneiden.

Das Gemüse zum Hackfleisch in die Pfanne geben und kurz mitgaren. Knoblauch, Salz, Pfeffer, Thymian und Oregano hinzufügen und abschmecken.

Eine Auflaufform ausbuttern. Die Gemüse-Hackfleisch-Masse entweder mit den Nudeln vermischen oder schichtweise in die Form füllen.

Für den Guß die Milch aufkochen, die Mehlschwitze mit dem Schneebesen einrühren und 1 Minute unter ständigem Rühren kochen lassen.

Den Schafkäse in Würfel schneiden. Joghurt, Eier und den größten Teil des Schafkäses (etwas Käse zum Bestreuen zurückbehalten!) unter die Mehlschwitze rühren. Mit Salz, Pfeffer, Zitronensaft und -schale abschmecken.

Den Guß über das Gemüse in die Form verteilen und mit dem restlichen zerbröselten Schafkäse bestreuen.

Im vorgeheizten Ofen bei 200-220 °C in etwa 30 Minuten garen.

Pikanter Ofenschlupfer

- 5 altbackene Brötchen
- 175 g Schinkenspeck oder Wammerl
- 1 große Gemüsezwiebel
- 1 Bund glatte Petersilie
- 200 g mittelalter Holland-Gouda
- Butter für die Form

- 1/4 l Sahne
- 1/8 l Milch
- 3 Eier
- 250 g Quark
- Salz
- frisch gemahlener Pfeffer

Die Brötchen in knapp 1 cm dicke Scheiben schneiden (statt der Brötchen kann auch sehr gut eine alte Baguettestange verwendet werden).

Den Schinkenspeck in möglichst kleine Würfel schneiden. Die Zwiebel schälen und in grobe Würfel hacken, etwa so groß wie die Speckwürfel.

In einer Pfanne den Speck ausbraten. Die Zwiebel zufügen und darin weich dünsten, sie soll vollständig glasig geworden sein. Beiseite stellen.

Die Petersilie waschen und fein schneiden. Den Käse auf der Gemüsereibe grob raffeln. Eine Auflaufform ausbuttern. Die Brotscheiben werden stehend eingeschichtet, und zwar abwechselnd Brot, Zwiebelmischung, Petersilie und Käse - mit dem Käse abschließen.

Für den Guß die Sahne und die Milch in eine Schüssel geben. Die Eier verquirlen und zusammen mit dem Quark einrühren. Mit Salz und Pfeffer abschmecken und gleichmäßig über dem Auflauf verteilen.

Bei 200 °C im vorgeheizten Ofen etwa 30 Minuten backen.

Gemüse-Lasagne

250 g helle Lasagneblätter
Salz
2 Zwiebeln
1 kleine Dose Mais
300 g Lauch
250 g Möhren
200 g Sellerieknolle
60 g Butter
frisch gemahlener Pfeffer
Paprikapulver

300 g saure Sahne
3 Eier
1 Bund glatte Petersilie
200 g Käse (Pikantje van Gouda)
Butter für die Form

Die Lasagneblätter in kochendes Salzwasser geben und knapp gar kochen. Abgießen, sofort unter kaltem Wasser abschrecken und einzeln auf einem Küchenhandtuch auslegen.

Die Zwiebeln schälen und fein hacken. Den Mais in ein Sieb schütten und gut abtropfen lassen.

Lauch, Möhren und Sellerie waschen und putzen bzw. schälen. Den Lauch in 1 cm breite Ringe, Möhren und Sellerie in nicht zu große Würfel schneiden.

In einer großen Pfanne die Butter erhitzen und die Zwiebeln darin glasig dünsten. Lauch, Möhren und Sellerie zufügen und noch 10 Minuten mitdünsten. Zuletzt den Mais zugeben und nur noch gründlich untermischen. Mit Salz und Pfeffer kräftig würzen und in der Schärfe nach Belieben mit Paprika abschmecken.

Für den Guß die saure Sahne mit den Eiern verquirlen, salzen und pfeffern. Die Petersilie nicht zu fein hacken und untermischen.

Den Käse auf der Gemüsereibe fein reiben. Er sollte in jedem Fall frisch gerieben sein.

Ein große rechteckige Auflaufform oder Bratreine mit Butter ausstreichen und die Zutaten in mehreren Lagen in folgender Reihenfolge einschichten: Lasagneblätter, Gemüse, Käse, Sahneguß. So oft wiederholen, bis alle Zutaten aufgebraucht sind. Die oberste Schicht ist Käse.

Bei 200 °C im vorgeheizten Ofen etwa 35 Minuten backen. Noch 15 Minuten im abgeschalteten Ofen nachziehen lassen, dann in der Form servieren.

Lasagne klassisch

Béchamelsauce
- 50 g Butter
- 50 g Mehl
- 1/2 l Milch
- 200 g alter Holland-Gouda
- Salz
- frisch gemahlener Pfeffer
- frisch geriebene Muskatnuß

Hackfleischsauce
- 2 Zwiebeln
- 1 EL Olivenöl
- 500 g gemischtes Hackfleisch
- 1-2 Bund Suppengrün
- 1 kleine Dose Tomatenmark
- 1/8 l trockener Weißwein
- 1 TL Thymian
- Salz
- frisch gemahlener Pfeffer

- 250 g Lasagneblätter
- Butter für die Form

Für die Béchamelsauce die Butter erhitzen und das Mehl darin anschwitzen, es soll dabei keine Farbe annehmen. Mit der Milch nach und nach ablöschen und gut mit dem Schneebesen rühren, damit sich keine Klümpchen bilden. Etwa 15 Minuten köcheln lassen. Inzwischen den Käse auf der Gemüsereibe raffeln und etwa zwei Drittel davon in die Sauce rühren. Mit Salz, Pfeffer und Muskat abschmecken.

Für die Hackfleischsauce - noch während die Béchamelsauce köchelt - die Zwiebeln schälen und recht fein hacken. Das Öl in einem weiten Topf erhitzen und die Zwiebeln darin weich und glasig dünsten. Das Hackfleisch zufügen und unter ständigem Rühren braten, es soll krümelig werden und eine graue Farbe bekommen. Das geputzte und kleingeschnittene Suppengrün kurz mitbraten. Das Tomatenmark einrühren und mit dem Weißwein ablöschen. Den Topf schließen und die Sauce etwa 10 Minuten köcheln lassen. Mit Thymian, Salz und Pfeffer kräftig abschmecken.

In der Zwischenzeit die Lasagneblätter in sprudelnd kochendes Salzwasser geben und knapp gar kochen. Abgießen, mit kaltem Wasser abschrecken und auf einem Küchentuch ausbreiten.

Eine rechteckige Form oder eine Bratreine mit Butter ausstreichen und mit Lasagneblättern auslegen. Nun in folgender Reihenfolge einschichten: Hackfleischsauce, Lasagneblätter, Béchamelsauce, Lasagneblätter - so oft wiederholfen, bis alle Zutaten verbraucht sind. Die Oberfläche mit dem restlichen Käse bestreuen.

Den Ofen auf 200 °C vorheizen und die Lasagne in 25-30 Minuten backen. Mit einem frischen Salat der Saison servieren.

Moussaka I

Grießmasse
1/4 l Milch
1/4 l Fleischbrühe
60 g Grieß
1 EL Mehl
130 g Käse (Pikantje van Gouda)
30 g Butter
frisch geriebene Muskatnuß
3 Eier

300 g Kartoffeln
3 große Auberginen (ca. 900 g)
ca. 1/8 l Olivenöl

Hackfleischmischung
2 Zwiebeln
2 Knoblauchzehen
400 g gemischtes Hackfleisch
Salz
frisch gemahlener Pfeffer
Paprikapulver
1 TL Oregano
1 Messerspitze Thymian
1 Lorbeerblatt
100 g Tomatenmark

Für die Grießmasse die Milch mit der Brühe zum Kochen bringen. Den Grieß mit dem Mehl vermischen und unter kräftigem Rühren in die kochende Flüssigkeit geben. Vom Feuer nehmen. Den Käse auf der Gemüsereibe frisch raffeln und zusammen mit der Butter in den Grießbrei einrühren. Mit Muskat abschmecken. Die Eier trennen. Das Eiweiß zu steifem Schnee schlagen und kalt stellen.

Die Kartoffeln in der Schale kochen, kalt abschrecken und ausdampfen lassen. Sobald sie ausgekühlt sind, pellen und in Scheiben schneiden. Es ist zweckmäßig, die Kartoffeln schon am Vortag zu kochen.

Die Auberginen waschen und quer in 1/2 cm dicke Scheiben schneiden. Das Öl in einer Pfanne erhitzen und die Auberginen portionsweise auf beiden Seiten knusprig und mit leichter Farbe ausbraten. Auf Küchenpapier abtropfen lassen.

Für die Hackfleischmischung die Zwiebeln und die Knoblauchzehen schälen und fein hacken. In dem Olivenöl (aus der Au-

berginenpfanne) glasig schwitzen, das Hackfleisch mit allen Gewürzen und Kräutern zufügen und unter ständigem Wenden so lange braten, bis es krümelig zerfällt und eine graue Farbe annimmt. Das Lorbeerblatt herausfischen und das Tomatenmark einrühren.

Eine Auflaufform mit der Hälfte der Auberginenscheiben auslegen, salzen und pfeffern. Die Hackfleischmischung einfüllen und glattstreichen. Mit den Kartoffelscheiben abdecken und darauf die restlichen Auberginenscheiben legen.

Die zur Seite gestellten Eigelbe unter den Grießbrei rühren und zuletzt den Eischnee unterheben. Die Grießmasse gleichmäßig auf der Moussaka verstreichen.

Im vorgeheizten Ofen bei 200 °C in 50 Minuten backen.

Moussaka II

- 500 g Auberginen
- Salz
- 3 EL Mazola Keimöl
- 50 g Parmesan-Käse

Hackfleischmischung

- 1 Zwiebel
- 250 g Rinderhackfleisch
- 1 Knoblauchzehe
- 1/2 Packung Knorr Tomato al Gusto mit Kräutern (170 g)
- Salz
- frisch gemahlener Pfeffer
- Thymian
- Oregano

Béchamelsauce

- 1/4 l Milch
- 2 1/2 gehäufte EL (25 g) Mondamin Klassische Mehlschwitze, hell
- 1 Eigelb
- Salz
- frisch gemahlener Pfeffer

Die Auberginen waschen und der Länge nach in 1 cm dicke Scheiben schneiden. Um ihnen den bitteren Geschmack zu nehmen, die Scheiben nebeneinander auslegen, mit Salz bestreuen und 1/2 Stunde ziehen lassen, sie verlieren ihren bitteren Saft. Anschließend trockentupfen, im heißen Öl goldgelb braten und herausnehmen, auf Küchenpapier abtropfen lassen. Den Parmesan auf der Gemüsereibe fein raffeln.

Die Zwiebel schälen, in kleine Würfel schneiden und in dem heißen Bratfett der Auberginen andünsten. Das Hackfleisch dazugeben und unter ständigem Wenden kräftig anbraten, es soll krümelig auseinanderfallen und eine graue Farbe annehmen. Die durchgepreßte Knoblauchzehe und Tomato al Gusto hinzufügen. Mit Salz, Pfeffer, Thymian und Oregano abschmecken.

Für die Béchamelsauce die Milch aufkochen. Die Mehlschwitze mit dem Schneebesen einrühren und 1 Minute kochen lassen. Den Topf von der Herdplatte ziehen und die Sauce mit dem Eigelb legieren. Mit Salz und Pfeffer abschmecken.

Eine Auflaufform mit dem restichen Öl auspinseln. Abwechselnd Auberginenscheiben, Hackfleischmischung und wieder Auberginenscheiben einschichten, jede Schicht mit Parmesan bestreuen. Die Béchamelsauce eingießen und gleichmäßig über die Oberfläche verteilen.

Den Ofen auf 180 bis 200 °C vorheizen und die Moussaka etwa 1 Stunde backen.

Bauernauflauf

Hackfleischmischung

- 1 Zwiebel
- 40 g Butter
- 350 g gemischtes Hackfleisch
- 1 kleine Dose grüne Brechbohnen
- 4 Tomaten
- 2 EL Tomatenketchup
- 1 TL Paprikapulver
- Salz

- 1 Paket Kartoffelpüree oder frisches Püree aus ca. 600 g mehligkochenden Kartoffeln
- 150 g alter Holland-Gouda
- Butter für die Form
- Petersilie zum Bestreuen

Die Zwiebel schälen und fein hacken. Die Butter in einem weiten Topf oder einer tiefen Pfanne erhitzen und die Zwiebel darin glasig anschwitzen. Das Hackfleisch zufügen und unter ständigem Wenden braten, bis es krümelig zerfällt und eine graue Farbe angenommen hat.

Inzwischen die Bohnen in ein Sieb schütten und abtropfen lassen. Die Tomaten überbrühen, häuten, halbieren und die Kerne entfernen, zusammen mit den Bohnen zum Hackfleisch geben und einmal kurz durchschmoren. Mit Ketchup, Paprika und Salz abschmecken.

Das Kartoffelpüree nach Packungsanweisung - nach Belieben auch frisch - zubereiten. Den Käse auf der Gemüsereibe raffeln.

Eine Auflaufform mit Butter ausstreichen. Die Hälfte des Kartoffelpürees in die Form geben, die Hackfleischmischung darauf verteilen und mit dem restlichen Püree bedecken. Die Oberfläche mit dem Käse bestreuen.

Den Ofen auf 200 °C vorheizen und den Auflauf in 15-20 Minuten backen. Der Käse soll vollständig geschmolzen sein, es soll sich eine goldgelbe Kruste gebildet haben. Mit feingeschnittener Petersilie bestreuen und servieren.

Sauerkraut-Auflauf

- 2-3 Zwiebeln
- 3 EL Schmalz
- 750 g Sauerkraut
- 1 Apfel
- 1/4 l helles Bier
- 5 Wacholderbeeren
- 1 Lorbeerblatt
- 1/2 TL Zucker
- 1 Messerspitze Cayennepfeffer
- 500 g gekochte Kartoffeln (Pellkartoffeln oder ein Rest vom Vortag)
- 400 g Kochwürstchen (geräucherte Mettenden)
- 3 EL Semmelbrösel
- Butter für die Form
- 1 EL Butterflöckchen

Die Zwiebeln schälen und würfeln. Das Schmalz in einem weiten Topf erhitzen und die Zwiebeln darin andünsten, ohne zu bräunen. Das Sauerkraut locker auseinanderzupfen, hinzufügen und kurz andüsten. Den Apfel schälen, reiben und dazugeben. Das Bier angießen, die Wacholderbeeren, das Lorbeerblatt, Zucker und Cayenne untermischen und das Kraut zugedeckt 15 Minuten dünsten lassen.

Die Kartoffeln gegebenenfalls pellen und in Scheiben schneiden. Ebenso die Würstchen in Scheiben schneiden.

Eine feuerfeste Form mit Butter ausstreichen. Abwechselnd Sauerkraut, Kartoffel-und Wurstscheiben einschichten. Die letzte Schicht sollte aus Sauerkraut bestehen. Die Semmelbrösel darüberstreuen und die ganze Oberfläche mit Butterflöckchen belegen.

Den Ofen auf 220 °C vorheizen und den Auflauf 30-40 Minuten backen.

Zu diesem deftigen Gericht schmeckt ein frisches, kühles Bier besonders gut.

»Schlanker« Frischkäse-Auflauf

- 400 g Du darfst-Frischkäse
- 100 ml fettarme Milch (1,5 %)
- 2 Eier, getrennt
- 25 g Speisestärke
- 1 Messerspitze Backpulver
- 100 g Du darfst-Katenschinken
- 1 kleine Zwiebel
- Salz
- frisch gemahlener Pfeffer
- frisch geriebene Muskatnuß
- Speiseöl für die Form
- 1 EL Semmelbrösel
- 25 g Halbfettbutter 'Die Leichte'

Den Frischkäse in eine Rührschüssel geben. Die Milch, Eigelbe, Speisestärke und das Backpulver zufügen und gründlich verrühren.

Den Katenschinken in sehr feine Würfel schneiden. Die Zwiebel schälen und ebenfalls sehr fein würfeln. Zusammen mit den Gewürzen in die Käsemasse rühren.

Die Eiweiße steif schlagen und locker unter die Masse heben, nochmals abschmecken.

Eine Auflaufform mit Öl auspinseln. Die Käsemasse einfüllen, mit den Semmelbröseln bestreuen und mit Butterflöckchen belegen. Im vorgeheizten Ofen bei 200 °C in 35 Minuten goldgelb backen.

Diesen soufflé-ähnlichen Auflauf sofort servieren. Mit einem frischen Salat der Saison ist er ein feines Gericht.

In kleinen Portionen oder gleich in Portionsförmchen gegart, kann er als Vorspeise gereicht werden.

Salami-Nudel-Auflauf

250 g kurze Röhrennudeln
Salz
200 g Käse (Pikantje van Gouda)
100 g Salami
3 Tomaten
Butter für die Form

3 Eier
1/2 l Sahne
Salz
frisch gemahlener Pfeffer
frisch geriebene Muskatnuß
2 EL feingehackte Petersilie zum Bestreuen

Die Nudeln in sprudelnd kochendes Salzwasser geben und knapp gar kochen, sie sollen noch Biß haben. In ein Sieb abgießen, mit kaltem Wasser abschrecken und abtropfen lassen.

Den Käse und die Salami in gleichmäßige, nicht zu große Würfel schneiden.

Die Tomaten mit kochendem Wasser überbrühen, häuten, halbieren und die Kerne entfernen. Das Fruchtfleisch in mundgerechte Stücke schneiden.

Eine Auflaufform schön dick mit Butter ausstreichen. Die Nudeln, die Salami - und Käsewürfel sowie die Tomatenstücke möglichst gleichmäßig verteilt in die Form geben.

Für den Guß die Eier mit der Sahne verquirlen. Mit Salz, Pfeffer und Muskat kräftig würzen und die Mischung über die Nudeln gießen.

Den Ofen auf 200 °C vorheizen und den Auflauf 20-30 Minuten backen. Zum Servieren mit Petersilie bestreuen.

Statt der Röhrennudeln können auch Bandnudeln, statt der Salami auch Schinkenspeck oder Bratenreste verwendet werden. Der Auflauf verliert zwar dadurch ein wenig seine pikante Note, ist aber immer noch ein herrliches Gericht für alle Nudelfreunde, vor allem für Kinder, die es nicht zu ausgefallen mögen.

Nudelauflauf mit Sauce alla Bolognese

- 250 g Birelli-Nudeln (Birkel)
- 2 Möhren
- 100 g Sellerieknolle
- 100 g Lauch
- 2 Hähnchenbrustfilets
- 40 g Butterschmalz
- Salz
- frisch gemahlener Pfeffer
- etwas Currypulver
- Basilikum
- 3 Eier
- 150 g Sahne
- Paprikapulver
- 100 g mittelalter Gouda
- Butter für die Form
- 1 Glas Birkel Nudel Up alla Bolognese (250 ml)

Die Nudeln in sprudelnd kochendes Salzwasser geben und bißfest kochen. In ein Sieb abschütten, mit kaltem Wasser abschrecken und abtropfen lasen.

Die Möhren putzen, waschen und klein schneiden. Den Sellerie schälen und ebenfalls klein schneiden. Den Lauch putzen, waschen und in Ringe schneiden.

Die Hähnchenbrustfilets in feine Streifen oder Würfel schneiden.

20 g Butterschmalz in einer Pfanne erhitzen und das Gemüse unter ständigem Wenden mit einer Bratschaufel 3 Minuten darin dünsten. Mit Salz und Pfeffer abschmecken und aus der Pfanne nehmen.

Das restliche Butterschmalz in derselben Pfanne erhitzen, das Fleisch darin rundherum braten. Mit Salz, Pfeffer, Curry und Basilikum würzen.

Die Eier mit der Sahne verquirlen und mit wenig Salz, Pfeffer und Paprikapulver abschmecken.

Den Käse auf der Gemüsereibe raffeln.

Eine Auflaufform gut ausbuttern. Abwechselnd Nudeln, Gemüse und Fleisch einschichten. Die Eiersahne darübergießen und alles mit Käse bestreuen.

Im vorgeheizten Ofen bei 175 °C ca. 30 - 40 Minuten backen.

Die Bolognese erhitzen. Den Auflauf in Portionen auf Tellern anrichten, mit der Nudelsauce umgeben und servieren.

Tiroler Hörnchennudel-Auflauf

- 250 g Hörnchennudeln (Birkel's No. 1)
- 2 Zwiebeln
- 2 Knoblauchzehen
- 150 g Möhren
- 300 g Zuckerschoten
- 200 g Spargelabschnitte (Dose)
- 1 kleine Dose Mais
- 40 g Butter
- 200 g Tiroler Nußschinken in Scheiben

- 200 g Sahne
- 200 g Joghurt
- 4 Eier
- Salz
- frisch gemahlener Pfeffer
- frisch geriebene Muskatnuß
- 1 kleiner Bund gemischte Kräuter
- 100 g Käse (Gouda oder Edamer)

Die Hörnchen in reichlich kochendem Salzwasser in 9 Minuten bißfest garen. In ein Sieb schütten, mit kaltem Wasser abschrecken und abtropfen lassen.

Die Zwiebeln und die Knoblauchzehen schälen und fein würfeln. Die Möhren putzen und in feine Scheiben schneiden. Die Zuckerschoten waschen, sehr große Schoten einmal durchschneiden. Den Spargel und den Mais in ein Sieb schütten und abtropfen lassen.

Die Butter in einem weiten Topf erhitzen und die Zwiebeln mit dem Knoblauch darin anschwitzen. Den Schinken und alles Gemüse zugeben und kurz angehen lassen. Zuletzt die Hörnchen unterheben.

Die Nudelmischung gleichmäßig in einer entsprechend großen Auflaufform verteilen.

Die Sahne mit dem Joghurt und den Eiern verrühren, würzen und die gehackten Kräuter dazugeben, über den Auflauf gießen.

Den Käse auf der Gemüsereibe raffeln und schön gleichmäßig die Oberfläche damit bestreuen.

Im vorgeheizten Ofen bei 180 °C ca. 25 Minuten garen. Nach Wunsch mit Kräutern bestreut servieren.

Nudelauflauf mit Champignons und Tomaten

250 g Muschelnudeln
Salzwasser
400 g Champignons
200 g gekochter Schinken
300 g Tomaten
1 Bund Petersilie
2 EL Mazola Keimöl
Salz
frisch gemahlener Pfeffer
Butter für die Form

1/2 l Milch
2 gestrichene TL Knorr Klare Fleischsuppe
6-8 gehäufte EL Mondamin Klassische Mehlschwitze, hell
3 EL saure Sahne (18 % Fett)
50 g Käse, z. B. Emmentaler

Die Nudeln in kochendem Salzwaser knapp gar kochen, sie sollen noch »Biß« haben. In ein Sieb schütten, mit kaltem Wasser abschrecken und abtropfen lassen.

Die Champignons putzen und in Scheiben schneiden. Den Schinken in Würfel schneiden. Die Tomaten waschen und achteln. Die Petersilie fein hacken.

Das Öl in einer tiefen Pfanne erhitzen. Die Champignonscheiben kurz darin dünsten. Den Schinken und die Tomaten hinzufügen und die Petersilie untermischen. Mit Salz und Pfeffer abschmecken.

Eine Auflaufform mit Butter ausstreichen. Die Hälfte der Nudeln einfüllen und die Champignonmischung daraufgeben, mit den restlichen Nudeln bedecken.

Für den Guß die Milch aufkochen und das Suppenpulver einstreuen. Die Mehlschwitze mit dem Schneebesen einrühren und 1 Minute kochen lassen. Die saure Sahne dazugeben und pikant abschmecken.

Den Käse auf der Gemüsereibe frisch raffeln. Den Guß über die Nudeln verteilen und schön gleichmäßig mit dem Käse bestreuen.

Bei 220 °C in den vorgeheizten Ofen schieben und etwa 25 Minuten backen.

Mit einem knackigen Blattsalat servieren.

Spinat im Reisbett

- 1 Zwiebel
- 2 Tassen Reis
- 100 g alter Holland-Gouda
- 1 EL Butter
- 4 Tassen Hühnerbrühe
- 1 Paket Tiefkühl-Würzspinat
- 100 g Schinkenspeck in Scheiben

Dieses Reisgericht gart nebenher im Ofen. Bei Verwendung von tiefgekühltem Spinat ist es auch mit geringstem Arbeitsaufwand zu machen.

Die Zwiebel schälen und in kleine Würfel schneiden. Den Reis gründlich waschen und in einem Sieb abtropfen lassen. Den Käse ebenfalls in kleine Würfel von etwa 1 cm Kantenlänge schneiden und beiseite stellen.

Die Butter in einer feuerfesten Form auf der Herdplatte zerlassen und die Zwiebel darin anschwitzen. Den Reis dazugeben und unter Rühren glasig werden lassen.

Die Hühnerbrühe dazugießen und kurz erhitzen. Die Käsewürfel unter den Reis mischen.

Den Spinat aus der Packung nehmen und den gefrorenen Block im ganzen in die Mitte der Form setzen und ein wenig in den Reis drücken.

Die Form mit einem Deckel oder mit Alufolie verschließen und bei 200 °C in den vorgeheizten Ofen schieben. 40-45 Minuten backen.

Etwa 5 Minuten vor Ende der Garzeit die Speckscheiben in der Pfanne ausbraten, sie sollen sich dabei wellen und drehen, eventuell etwas nachhelfen. Über dem Auflauf verteilen und sofort servieren.

Brokkolireis unter der Haube

- 1 kg Brokkoli
- Salz
- 100 g Reis
- 200 ml Waser
- 1 Zwiebel
- 1 Knoblauchzehe
- 20 g Butter
- frisch gemahlener Pfeffer
- frisch geriebene Muskatnuß
- Butter für die Form

- 100 g Pikantje van Gouda
- 4 Eier
- 1/8 l Milch

Den Brokkoli putzen, waschen und in Röschen teilen. Die Stielenden fingerlang stehen lassen und kreuzweise einschneiden. In kochendes Salzwasser geben und 8 Minuten garen. In ein Sieb abschütten, sofort unter fließendem kalten Wasser abschrecken und abtropfen lassen.

Den Reis gut waschen. In kochendes Salzwasser einrühren und bei reduzierter Hitze in etwa 20 Minuten ausquellen lassen.

Die Zwiebel und die Knoblauchzehe schälen und fein hacken. In einer großen Pfanne die Butter erhitzen und Zwiebel und Knoblauch darin glasig anschwitzen.

Den Brokkoli und den Reis zufügen, salzen, pfeffern und mit Muskat abschmecken. Eine flache Auflaufform mit Butter ausstreichen und die Brokkolimischung einfüllen.

Den Käse auf der Gemüsereibe frisch raffeln. Die Eier trennen. Den Käse mit den Eigelben und der Milch verquirlen. Das Eiweiß zu steifem Schnee schlagen und unter die Käsemasse heben. Über die Brokkolimischung verteilen.

Bei 220 °C in den vorgeheizten Ofen schieben und etwa 30 Minuten backen. Die Haube soll sich goldbraun färben.

Buchweizenauflauf

- 150 g Buchweizengrütze
- 1/2 l Fleischbrühe
- 300 g Möhren
- 1 große Zwiebel
- 20 g Butter
- 2 Eier
- 150 g Pikantje van Gouda
- 1/8 l Sahne
- Salz
- frisch gemahlener Pfeffer
- Butter für die Form
- 1 EL Zwiebackmehl
- 30 g Butterflöckchen

Die Buchweizengrütze in einem Haarsieb kurz unter fließendem kalten Wasser abbrausen und abtropfen lassen. Die Fleischbrühe zum Kochen bringen, die Buchweizengrütze hineinschütten, einmal durchrühren, in ca. 15 Minuten garen, dabei ab und zu umrühren. Den Topf vom Herd nehmen und etwas abkühlen lassen.

Die Möhren putzen, waschen und in Scheiben schneiden. Die Zwiebel schälen und fein würfeln.

Die Butter in einer Pfanne erhitzen. Die Zwiebelwürfel kurz anschwitzen, die Möhrenscheiben zufügen und mit 3-4 Eßlöffeln Wasser garen.

Die Eier trennen, das Eiweiß steif schlagen und kühl stellen. Den Käse auf der Gemüsereibe frisch raffeln.

Die Eigelbe mit der Sahne, Salz, Pfeffer und etwa zwei Dritteln des geriebenen Käses vermischen.

Die abgekühlte Grütze mit den Möhren und der Eigelbmischung verrühren und zum Schluß den Eischnee unterheben. Eine Auflaufform ausbuttern und die Masse einfüllen. Mit dem restlichen Käse und Zwiebackmehl bestreuen und Butterflöckchen aufsetzen.

Im vorgheizten Ofen bei 200 °C ca. 25-30 Minuten goldbraun backen.

Dazu schmeckt ein herzhafter Salat.

Bretonischer Fisch-Auflauf

- 2 Packungen Iglo Grüne Küche Blattspinat, à 300 g
- 500 g vorwiegend festkochende Kartoffeln
- 1 EL Öl für die Form
- 3 Knoblauchzehen
- 2 Packungen Iglo Fisch Cuisine Fisch-Pfanne Französisch
- 1/4 l Gemüsebrühe
- 2 TL Speisestärke
- 100 g Räucherlachs (ersatzweise einige Tomatenscheiben)
- 50 g mittelalter Gouda

Den Blattspinat auftauen (z. B. in der Mikrowelle). Die Kartoffeln waschen und bißfest garen. Eine feuerfeste Form mit Öl auspinseln.

Den Spinat ausdrücken und in der Auflaufform verteilen. Die Knoblauchzehen fein hacken und über den Spinat streuen.

Die Fisch-Pfanne Französisch mit der Brühe in einem kleinen Topf erhitzen. Die Speisestärke in wenig kaltem Wasser anrühren, zum Fisch geben und die Brühe damit binden.

Den Lachs in feine Streifen schneiden und über dem Spinat verteilen. Anschließend mit dem Fisch ebenso verfahren.

Die Kartoffeln pellen, in sehr dünne Scheiben schneiden und überlappend auf den Fisch schichten. Den Käse auf der Gemüsereibe frisch raffeln und über die Kartoffelscheiben streuen.

Im vorgeheizten Ofen bei 220 °C in ca. 25 Minuten goldgelb backen.

Wer keinen Lachs möchte, kann statt dessen Tomaten verwenden: 4 Tomaten mit kochendheißem Wasser überbrühen, häuten, halbieren, die Kerne entfernen und das Fruchtfleisch in feine Streifen schneiden.

Fisch-Tomaten-Auflauf

4 Tomaten (350 g)
800 g Fischfilets (Goldbarsch, Leng, Kabeljau)
Saft von 1 Zitrone
Salz
20 g Butter für die Form

3 Eier
1/8 l Sahne
2 TL grüne Pfefferkörner
1/2 TL Salz
1 EL glatte Petersilie

Die Tomaten über Kreuz einritzen, kurz in kochendes Wasser halten, häuten und das Fruchtfleisch in dickere Scheiben schneiden.

Die Fischfilets unter fließendem Wasser waschen, mit Küchenpapier trockentupfen, mit Zitronensaft beträufeln und mit Salz bestreuen.

Eine Auflaufform ausbuttern. Schichtweise die Fischfilets und die Tomatenscheiben einlegen.

Die Eier mit der Sahne verrühren und die Pfefferkörner zugeben. Die Petersilie fein schneiden und unterrühren. Die Eiersahne sorgfältig über das Gericht verteilen.

Die Form mit einem Deckel oder Alufolie verschließen. Bei 220 °C in den vorgeheizten Ofen schieben und 20-25 Minuten backen.

Dazu Salzkartoffeln, nach Belieben in Butter geschwenkt und mit Petersilie bestreut, servieren.

Seelachsfilet-Auflauf

- 200 g Zwiebeln
- 1 Glas Gewürzgurken (330 g)
- 300 g Tomaten
- 800 g Seelachsfilets
- Salz
- frisch gemahlener Pfeffer
- 2 EL mittelscharfer Senf
- 3 EL Tomatenketchup
- Butter für die Form
- 250 g junger Gouda in Scheiben
- Fett für die Auflaufform

Die Zwiebeln schälen und in dünne Ringe schneiden. Die Gurken abgießen und in Scheiben schneiden. Die Tomaten über Kreuz einschneiden, in kochendheißes Wasser tauchen, häuten und ebenfalls in Scheiben schneiden, etwas als Garnitur beiseite legen.

Die Fischfilets waschen, mit Küchenpapier trockentupfen, salzen und pfeffern. Mit Senf und Tomatenketchup bestreichen.

Eine Auflaufform gut ausbuttern. Die Fischfilets auf dem Boden der Form verteilen. Die Zwiebelringe, die Tomaten- und Gurkenscheiben darüber einschichten. Den Käse entrinden und die Scheiben darauflegen.

Im vorgeheizten Ofen bei 200 °C etwa 40 Minuten backen.

Den Auflauf mit Tomaten- und Gurkenscheiben garnieren und in der Form servieren. Dazu passen Dillkartoffeln.

Diplomatenauflauf mit Schokoladensauce

- 200 g Zwieback
- 50 g Sultaninen
- 50 g Orangeat, gewürfelt
- 75 g Haselnüsse, gehobelt
- Butter für die Form
- 1 Beutel Citro-back

- 4 Eier
- 75 g Zucker
- 1/2 Beutel Zimt-back
- 1 Prise Muskatblüte (Macis)
- 3/8 l Sahne oder Milch
- 1 Prise Salz
- 30 g Butterflöckchen
- Schwartau Schokoladensauce aus der Flasche
- 1 Beutel Rum-back

Den Zwieback in kleine Stücke brechen und in eine Schüssel geben. Die Sultaninen waschen, mit Küchenpapier trockentupfen und zusammen mit dem Orangeat, den Nüssen und Citro-back zum Zwieback geben. Alles gut vermischen. Eine Auflaufform ausbuttern und die Zwiebackmischung einfüllen.

Die Eier mit dem Zucker und Muskatblüte gut verschlagen. Die Sahne oder Milch und Salz dazugeben und über das Zwiebackgemisch gießen. Den Auflauf mit Butterflöckchen belegen.

Im vorgeheizten Ofen bei 200-225 °C in ca. 35-40 Minuten goldbraun backen.

Nach Belieben die Schokoladensauce mit Rum-back abschmekken und separat zu dem warmen Auflauf servieren.

Übrigens: Das Orangeat gibt es bereits gewürfelt und die Haselnüsse gehobelt und vakuumverpackt von Schwartau im Handel zu kaufen.

Kirschmichel mit Kirschensauce

- 150 g altbackenes Weißbrot oder Semmeln
- 1/2 Tasse Milch
- 1 kleines Glas entsteinte Sauerkirschen
- 50 g Butter
- 60 g Zucker
- 2 Eier, getrennt
- 1 Beutel Citro-back
- 40 g gehackte Mandeln (von Schwartau)
- Salz
- 1/2 Beutel Zimt-back
- Butter für die Form
- 3 EL gehobelte Mandeln
- 1 EL Butter
- Schwartau Kirschensauce aus der Flasche

Das Brot in Würfel schneiden und in eine Schüssel geben, mit warmer Milch übergießen und durchziehen lassen. Die Kirschen in ein Sieb schütten und gut abtropfen lassen. Den Saft auffangen und nach Belieben verwenden.

Inzwischen in einer zweiten Schüssel die Butter mit dem Zucker und Citro-back schaumig rühren. Nacheinander die Eigelbe einarbeiten. Die eingeweichten Brotwürfel und die gehackten Mandeln unterrühren. Die Eiweiße mit einer Prise Salz zu steifem Schnee schlagen und unterheben. Zuletzt die gut abgetropften Kirschen und Zimt-back hinzufügen.

Eine Auflaufform mit Butter ausstreichen und die Masse einfüllen. Im vorgeheizten Ofen bei 220 °C in 50-60 Minuten backen.

Die Mandeln in der Butter hellbraun rösten und über den fertigen Kirschmichel streuen. Mit Kirschensauce servieren.

Grünkern-Apfel-Auflauf

- 125 g Butter
- 150 g Zucker
- 4 Eigelb
- abgeriebene Schale von 1 Zitrone
- 1 gestrichener TL Zimt
- 1 Messerspitze gemahlene Nelken
- 200 g Grünkerngrieß
- 2 gestrichene TL Backpulver
- 600 g Äpfel
- 50 g gehackte Haselnußkerne
- 4 Eiweiß
- Salz
- Butter für die Form
- evtl. Puderzucker

Die weiche Butter in eine Schüssel geben. Abwechselnd Zucker und Eigelb einrühren, ebenso Zitronenschale, Zimt, Nelken. Den Grünkerngrieß mit dem Backpulver vermischen, zugeben und alles mit einem Handrührgerät auf höchster Schaltstufe etwa 2 Minuten gut verrühren.

Die Äpfel waschen, vierteln, das Kernhaus entfernen und die Früchte in feine Scheibchen schneiden. Wer sie nicht mit der Schale mag, kann sie natürlich auch schälen. Mit den Haselnüssen vermischen und in die Grünkernmasse einrühren.

Zuletzt das Eiweiß mit einer Prise Salz zu steifem Schnee schlagen und unter die Auflaufmasse heben. Eine Auflaufform ausbuttern und die Masse einfüllen.

Im vorgeheizten Ofen bei 200 °C etwa 50 Minuten backen. Nach Belieben mit Schlagsahne oder Vanillesauce servieren.

Beeren-Quark-Auflauf

- 1 Apfel (150 g)
- 4 Eier
- 500 g Speisequark (20 % Fett)
- 4 EL Speisestärke
- 1 Vanilleschote
- 2 EL Ahornsirup
- 1 EL Zucker
- Butter für die Form
- 1 Paket Iglo-Erdbeeren, Himbeeren oder Brombeeren
- 3 EL Ahornsirup
- 2 EL Pistazien, gehackt

Den Apfel schälen, vierteln, das Kerngehäuse entfernen und die Apfelviertel in feine Scheiben schneiden.

Die Eier trennen. Eigelb, den gut abgetropften Speisequark, Speisestärke, das mit dem Messerrücken ausgeschabte Mark der Vanilleschote und den Ahornsirup in einer Schüssel gründlich miteinander verrühren. Das Eiweiß mit dem Zucker zu steifem Schnee schlagen und unter die Quarkmasse heben.

Eine runde oder ovale Auflaufform mit Butter ausstreichen. Die Hälfte der Quarkmasse in die Auflaufform geben. Die Apfelscheiben und die tiefgeforenen Erdbeeren gleichmäßig darauf verteilen. Mit Ahornsirup beträufeln. Mit der restlichen Quarkmasse bedecken.

Im vorgeheizten Ofen bei 200-220 °C in etwa 45 Minuten garen. Zum Servieren mit den Pistazien bestreuen.

Dieses Rezept eignet sich bestens für die Zubereitung im Mikrowellen Kombinationsgerät. Dafür die Form auf den niedrigen Rost in das Mikrowellengerät stellen und im Kombi-Betrieb mit Mikrowelle plus Heißluft backen: höchste Stufe plus 180 °C Heißluft etwa 20 Minuten. Den Auflauf nach Ende der Backzeit mit Alufolie zudecken und noch ca. 5 Minuten im Mikrowellengerät ruhen lassen.

Gratins

Überbackene Ofengerichte mit der beliebten Kruste

Kartoffel-Käse-Gratin

600 g mittelgroße Kartoffeln
200 g Zucchini
150 g Egerlinge (rosa Champignons)
Butter für die Form

200 g Bresso-Frischkäse mit französischen Kräutern
2 EL Sahne
75 g geriebener Parmesan-Käse
1 Ei
Salz
frisch gemahlener Pfeffer

Die Kartoffeln waschen und schälen. Die Zucchini und die Egerlinge waschen und putzen. Das Gemüse auf einem Gurkenhobel in gleichmäßig dicke Scheiben schneiden.

Eine feuerfeste flache Form dick mit Butter ausstreichen. Die Kartoffel-, Zucchini- und Pilzscheiben abwechselnd dachziegelartig in die Form einschichten.

Den Frischkäse, die Sahne, den Parmesan (am besten ist er frisch gerieben) und das Ei in eine Schüssel geben und gut miteinander verrühren. Mit Salz und Pfeffer abschmecken und gleichmäßig über die Gemüsescheiben verteilen.

Das Gratin bei 225 °C im vorgeheizten Ofen in 30 Minuten goldbraun backen.

Gratin von Birnen und Kartoffeln mit Roquefort

- 500 g nicht zu weiche, aromatische Birnen
- 500 g vorwiegend festkochende Kartoffeln
- Butter für die Form
- frisch gemahlener weißer Pfeffer

- 150 g Roquefort Société
- 1/8 l Sahne
- 1/8 l Milch
- 1 Ei

Die Kartoffeln schälen und waschen. Die Birnen schälen und mit einem Ausstecher das Kernhaus entfernen. Kartoffeln und Birnen auf dem Gurkenhobel in dünne Scheiben schneiden. Den Boden einer großen, flachen Auflaufform ausbuttern und die Scheiben schuppenartig einschichten: eine Reihe Kartoffel-, eine Reihe Birnenscheiben, leicht pfeffern.

Käse, Sahne, Milch und Ei in den Mixer füllen, mit einigen Umdrehungen aus der Pfeffermühle würzen und zu einer glatten Creme verarbeiten. Diese gleichmäßig über die Birnen und Kartoffeln verteilen.

Bei 220 °C im vorgeheizten Ofen 40-50 Minuten backen. Das Gratin soll eine goldbraune Kruste bekommen.

Als Beilage zu gebratenem Geflügel oder Fleisch servieren oder mit einem grünen Salat als Hauptgericht. Der Roquefort, durch die Sahne leicht abgemildert, gibt diesem Gericht eine besonders pikante Geschmacksnote.

Buntes Gemüse-Gratin

- 750 g vorwiegend festkochende Kartoffeln
- 500 g Zucchini
- 1 große Dose geschälte Tomaten
- 50 g durchwachsener Räucherspeck
- 1 EL Butter
- 2 große Zwiebeln
- 250 g gemischtes Hackfleisch
- Salz
- frisch gemahlener Pfeffer
- Thymian

- 3 Eier
- 200 g Sahne
- Paprikapulver
- 150 g mittelalter Holland-Gouda
- 50 g alter Holland-Gouda
- Butter für die Form

Die Kartoffeln in der Schale kochen, pellen und in Scheiben schneiden. Die Zucchini putzen, der Länge nach halbieren und jede Hälfte quer in kleine Scheiben schneiden. Die Tomaten in ein Sieb abgießen.

Den Speck fein würfeln. Die Butter in einer Pfanne erhitzen und den Speck darin auslassen. Die Zwiebeln schälen, fein hacken, zum Speck in die Pfanne geben und glasig dünsten. Das Hackfleisch zufügen, unter ständigem Wenden braten, bis es krümelig zerfällt und eine graue Farbe angenommen hat. Die Zucchinischeibchen dazugeben und alles zusammen noch 5-10 Minuten dünsten. Mit Salz, Pfeffer und Thymian kräftig abschmecken.

Die Eier mit der Sahne in einer Schüssel verquirlen. Mit Salz, Pfeffer, ein wenig Thymian und Paprikapulver würzen.

Den mittelalten Gouda auf der Gemüsereibe grob raffeln. Eine Hälfte mit den Kartoffeln vermischen, die andere Hälfte unter die Hackfleischmischung rühren. Den alten Gouda fein reiben.

Eine große, nicht zu tiefe Auflaufform mit Butter ausstreichen. Die Hälfte der Käse-Kartoffeln einfüllen, darauf die Hackfleischmischung, darüber die Tomaten verteilen und zuletzt alles mit den restlichen Käse-Kartoffeln abdecken. Die Eiersahne gleichmäßig über das Gratin verteilen und mit dem alten Gouda bestreuen.

Bei 200 °C im vorgeheizten Ofen 30-40 Minuten überbacken.

Möhren-Kohlrabi-Gratin

- 300 g Möhren
- 600 g Kohlrabi
- Salz
- Butter für die Form

- 4 Eier
- 1/4 l Sahne
- Salz
- frisch gemahlener Pfeffer
- frisch geriebene Muskatnuß
- 100 g mittelalter Holland-Gouda

Für dieses Rezept ist es empfehlenswert, möglichst große und dicke Möhren zu verwenden. Zum Einschichten in die Form müssen die geschnittenen Scheiben einen ausreichend großen Durchmesser haben, wenn im Wechsel mit den Kohlrabischeiben eine schöne rot-weiße Optik entstehen soll.

Die Möhren putzen, waschen und in 1/2 cm dicke Scheiben schneiden. Die Kohlrabi schälen, vierteln - große Knollen eventuell achteln - und in ebensolche Scheiben schneiden wie die Möhren. In ganz wenig kochendes Salzwasser geben und 10 Minuten dünsten.

Eine nicht zu tiefe Auflaufform ausbuttern. Abwechselnd eine Reihe Möhren, eine Reihe Kohlrabi einschichten, bis die Form voll ist.

Die Eier mit der Sahne in eine Schüssel geben und gründlich verquirlen. Mit Salz, Pfeffer und Muskat kräftig abschmecken. Über das Gemüse in die Form gießen.

Den Käse auf der Gemüsereibe frisch raffeln und das Gratin gleichmäßig damit bestreuen.

Im vorgeheizten Ofen bei 200 °C etwa 30 Minuten überbacken.

Kürbis-Zucchini-Gratin

- 500 g Kürbisfleisch
- 1/4 l Cidre (oder Apfelsaft)
- 2 Scheiben frischer Ingwer
- 1 Gewürznelke
- Salz
- 2 mittelgroße Zucchini (300 g)
- 15 g Butter
- 5 EL Wasser
- Lemonpepper (Zitronenpfeffer)
- 60 g USA-Sonnenblumenkerne

- 200 g Crème fraîche
- 4 Eigelb
- 1 frische Ingwerscheibe
- frisch gemahlener Pfeffer
- Salz

Das Kürbisfleisch in 1 cm große Würfel schneiden. Den Cidre in einen Topf gießen, die Ingwerscheiben, die Nelke und wenig Salz zufügen und erhitzen. Die Kürbiswürfel darin in 5-10 Minuten (je nach Konsistenz) bißfest garen. In einem Sieb abtropfen lassen.

Die Zucchini waschen und in je vier gleich große Stücke schneiden. Die Stücke der Länge nach achteln. Die Butter in einem zweiten Topf zerlaufen lassen. Die Zucchini, das Wasser, den Lemonpepper und Salz dazugeben. 5 Minuten kochen, abtropfen lassen.

Die Sonneblumenkerne in einer kleinen Pfanne ohne Fett rösten, sie bekommen dadurch ein besonders kräftiges Aroma.

Die Crème fraîche mit den Eigelben kräftig verrühren. Die Ingwerscheibe zerdrücken und dazugeben, mit Pfeffer und Salz abschmecken.

Eine große Auflaufform ausbuttern. Die Kürbisstücke auf den beiden Seiten der Gratinform, die Zucchinispalten, mit der Schale nach oben, in der Mitte einschichten. Die Sonnenblumenkerne über das Gemüse streuen und alles mit der Crème fraîche begießen.

Bei 220 °C im vorgeheizten Ofen 15 Minuten auf mittlerer Einschubhöhe gratinieren.

1
OCTOBER
31

Überbackener Stangensellerie

- 800 g Stangensellerie
- Salzwasser oder Fleischbrühe
- Butter für die Form
- Saft von 1/2 Zitrone

- 1/4 l Sahne
- 4 Eier
- 1 Bund glatte Petersilie
- Salz
- frisch gemahlener Pfeffer
- 100 g Pikantje van Gouda

Die Selleriestangen putzen, waschen und vom Strunk befreien. Die hellgrünen Sellerieblättchen abschneiden, fein hacken und beiseite stellen. Salzwasser oder Brühe zum Kochen bringen. Die Selleriestangen einlegen und in 20-25 Minuten garen. In ein großes Sieb oder einen Durchschlag schütten und abtropfen lassen.

Eine rechteckige oder ovale Auflaufform ausbuttern. Die Selleriestangen parallel neben- und übereinander einlegen. Sofort mit Zitronensaft beträufeln, damit sie sich nicht verfärben.

In einer Schüssel die Sahne mit den Eiern kräftig verquirlen. Die Petersilie waschen und fein schneiden, zusammen mit den Sellerieblättchen in die Eiersahne rühren, salzen und pfeffern. Die Selleriestangen damit begießen.

Den Käse auf der Gemüsereibe frisch raffeln und das Gratin damit bestreuen.

Bei 200 °C im vorgeheizten Ofen in 30 Minuten goldgelb überbacken.

Gratin de Pommes

- 1/2 Bund Lauchzwiebeln
- 20 g Butter
- 750 g mehlig kochende Kartoffeln
- 200 g große, weiße Champignons
- 3 Äpfel (Golden Delicious)
- 1 Becher süße Sahne (200 g)
- 2 Eigelb
- 75 g Emmentaler
- Salz
- frisch gemahlener Pfeffer
- frisch geriebene Muskatnuß

Die Frühlingszwiebeln putzen, waschen und in dünne Ringe schneiden. Die Butter in einer kleinen Pfanne schmelzen, die Zwiebelringe zufügen und glasig braten.

Die Kartoffeln schälen, waschen und auf dem Gurkenhobel in dünne Scheiben schneiden. Auf einer dicken Lage Haushaltspapier ausbreiten und trockentupfen.

Die Champignons putzen und von oben nach unten in dünne Scheiben schneiden. Die Pilzform bleibt dabei optisch erhalten.

Die Äpfel vierteln, schälen und entkernen. Der Länge nach in dünne Scheiben schneiden.

Eine ovale Gratinform mit Butter ausstreichen. Die Sahne mit dem Eigelb in einer kleinen Schüssel kräftig verquirlen. Den Käse auf einer Gemüsereibe frisch raffeln.

Ein Drittel der Kartoffelscheiben in die Gratinform geben und mit der Hälfte der Zwiebeln bedecken. Die Hälfte der Apfelscheiben darauf verteilen. Alles mit Salz, Pfeffer und Muskatnuß würzen und mit wenig Eigelbsahne begießen. Nun das zweite Kartoffeldrittel, die restlichen Zwiebeln, die Champignons und die restlichen Apfelscheiben einschichten, würzen und etwas Eigelbsahne darüberträufeln. Mit dem letzten Drittel Kartoffeln bedecken, würzen und mit Käse bestreuen. Die restliche Eigelbsahne darüber verteilen.

Das Gratin in den auf 200 °C vorgeheizten Ofen schieben und 35-40 Minuten überbacken. In der Form servieren.

Das Gratin schmeckt als Beilage zu kurzgebratenem Fleisch, Hähnchen oder pochierten Fischfilets besonders gut, kann aber auch mit einem frischen Salat als Hauptgericht serviert werden.

Blattspinat »venezianische Art«

- 2 Pakete Iglo Blattspinat
- 4 EL Wasser
- 500 g Tomaten
- 100 g durchwachsener Speck
- 1 EL Öl
- Salz
- frisch gemahlener Pfeffer
- 1/2 TL Oregano
- Öl für die Form
- 4 eingelegte Sardellenfilets
- 20 g Parmesankäse
- 10 g Margarineflöckchen

Den tiefgfrorenen Blattspinat nach Packungsanweisung in Salzwasser geben und bei schwacher Hitze 10 Minuten ziehen lassen, dabei einige Male umrühren. In ein Sieb schütten und gut abtropfen lassen. Die Tomaten über Kreuz einschneiden, in kochendheißes Wasser tauchen, häuten, halbieren, entkernen und die Stengelansätze herausschneiden. Das Fruchtfleisch in große Würfel schneiden.

Den Speck fein würfeln. Das Öl in einer Pfanne erhitzen und den Speck darin auslassen. Die Tomaten zugeben und 5 Minuten dünsten. Mit Salz, Pfeffer und Oregano würzen.

Eine ovale oder runde Gratinform mit Öl auspinseln. Den Spinat hineingeben, salzen und pfeffern. Die Tomaten über den Spinat verteilen und mit den Sardellenfilets belegen. Den Parmesan auf der Gemüsereibe frisch raffeln und möglichst fein. Das Gratin damit bestreuen und mit Margarineflöckchen belegen.

Bei 220 °C in den vorgeheizten Ofen schieben und 8 Minuten überbacken.

Mit verlorenen Eiern, Tomatensauce und Salzkartoffeln wird dieses Gratin zu einer herrlichen Mahlzeit.

Spinat-Gratin mit Eierhaube

- 1 kg frischer Spinat
- Salz
- 2 Zwiebeln
- 50 g Butter
- 125 g Käse (Emmentaler oder Gouda)
- Salz
- frisch gemahlener Pfeffer
- Butter für die Form
- frisch geriebene Muskatnuß
- 4 Eier
- 2-3 EL Mayonnaise

Den Spinat waschen und putzen. In sprudelnd kochendes Salzwasser geben und 5 Minuten blanchieren. Unter fließendem kalten Wasser, besser noch in einer Schüssel mit Eiswasser abschrecken und grob hacken.

Wer es eilig hat oder gerade keinen frischen Spinat bekommt, kann auch tiefgekühlten Blattspinat nehmen, diesen nach Packungsaufschrift auftauen und nach Bedarf grob hacken.

Die Zwiebeln schälen und in Würfel schneiden. Die Butter in einem weiten Topf oder einer tiefen Pfanne zerlassen und die Zwiebeln darin mit leichter Farbe anschwitzen. Den Spinat zufügen, gut durchheben und mit Salz und Pfeffer abschmecken.

Eine Auflaufform mit Butter ausstreichen und den Spinat einfüllen. Mit Muskat überreiben.

Die Eier trennen und das Eiweiß zu steifem Schnee schlagen. Die Mayonnaise unterziehen und über den Spinat verteilen.

Mit einem Teelöffel vier Vertiefungen in den Eischnee drücken und in jede Vertiefung ein Eigelb gleiten lassen.

Bei 200 °C im vorgeheizten Ofen ca. 10 Minuten überbacken.

Überbackener Fenchel mit Frischkäsesauce

4 Knollen Gemüsefenchel (800 g)

200 g Bresso Frischkäse mit französischen Kräutern

frisch gemahlener Pfeffer

1/8 l Fenchelkochwasser

100 g Bresso Frischkäse mit französischen Kräutern

2 EL trockener Wermut

30 g gehobelte Mandeln oder Haselnüsse

Den Fenchel putzen, waschen und der Länge nach halbieren. In kochendem Wasser 5 Minuten blanchieren, dann herausnehmen und abkühlen lassen. Das Kochwasser beiseite stellen, es wird später für die Sauce gebraucht.

Die einzelnen Lagen der Fenchelknollen auseinanderziehen, mit dem Frischkäse bestreichen und mit der Schnittfläche nach unten in eine flache, feuerfeste Form setzen.

Für die Sauce von dem Fenchelkochwasser 1/8 l abmessen. Den Frischkäse mit dem Fenchelwasser und dem Wermut verrühren und auf dem Fenchel verteilen. Zum Schluß die Mandeln oder Haselnüsse darüberstreuen.

Bei 180 °C im vorgeheizten Ofen ca. 30 Minuten überbacken.

Zusammen mit Kartoffelschnee zu kurzgebratenem Fleisch servieren.

»Schlankes« Kartoffel-Gratin

- 8 vorwiegend festkochende Kartoffeln
- 8 Zwiebeln
- 12 dicke Scheiben Du darfst Schinkenwurst mit Pistazien
- 3-4 EL Öl
- 8 Portionen Du darfst Speisequark-Zubereitung (à 50 g)
- 8 EL Du darfst Sahne-Erzeugnis
- 4 Eier
- Salz
- frisch gemahlener Pfeffer
- 4 EL Schnittlauchröllchen
- Öl für die Form

Die heutige Lebensmittelindustrie hilft uns dabei, selbst die deftigen Aufläufe und Gratins mit reduziertem Kaloriengehalt zu bereiten. Dieses herzhafte Kartoffelgratin hat zum Beispiel nur etwa 450 kcal/1890 kJ pro Portion.

Die Kartoffeln waschen, in der Schale kochen, pellen und in 1/2 cm dicke Scheiben schneiden. Zur Seite stellen und ausdampfen lassen. Die Zwiebeln schälen und in nicht zu grobe Würfel schneiden. Die Schinkenwurst ebenfalls würfeln.

Das Öl in einer Pfanne erhitzen und die Wurst knusprig auslassen. Die Zwiebelwürfel zugeben und glasig dünsten.

Den Speisequark mit der Sahne und den Eiern glattrühren. Mit Salz, Pfeffer und Schnittlauchröllchen würzen. Die Zwiebel-Wurst-Mischung unter den Quark rühren.

Eine ofenfeste Form dünn mit Öl auspinseln. Die Kartoffeln in die Form schichten und die Wurst in Streifen zwischen einzelne Kartoffelreihen füllen. Die Quarkmasse gleichmäßig über das Gratin streichen.

Im vorgeheizten Ofen bei 225 °C in 10-15 Minuten goldbraun überbacken.

Überbackene Lauchnudeln

- 600 g Lauch (geputzt gewogen)
- Salz
- 200 g Fadennudeln bzw. ganz dünne Spaghetti
- 2 EL Butter
- 200 g Sahne
- 200 g Pikantje van Gouda
- frisch gemahlener Pfeffer
- frisch geriebene Muskatnuß

Den Lauch putzen und waschen, das ganz dunkle Grün an den Blattspitzen abschneiden. Die Lauchstangen in gut fingerlange Abschnitte schneiden und diese jeweils bis zur Mitte einschlitzen. Mit einem scharfen, großen Messer der Länge nach in dünne Streifen schneiden; sie sollen möglichst so dünn sein wie die Nudeln.

Die Lauchstreifen in kochendes Salzwassr geben und 2 Minuten blanchieren. In ein Sieb abschütten und sofort unter fließendem kalten Wasser abschrecken. Gut abtropfen lassen.

Die Nudeln in sprudelnd kochendes Salzwasser geben, gut durchheben und in etwa 8 Minuten knapp gar kochen, sie sollen noch »Biß« haben. Ebenfalls in ein Sieb abschütten, kalt abschrecken und abtropfen lassen.

Die Butter mit der Sahne in einem Topf erhitzen. Den Käse auf der Gemüsereibe frisch raffeln, mit dem Schneebesen in die heiße Sahne einrühren und unter ständigem Rühren schmelzen, bis sich eine glatte Sauce ergibt. Mit Salz, Pfeffer und Muskat kräftig abschmecken. Die Nudeln mit dem Lauch vermischen und in eine feuerfeste Form füllen. Die Sauce darübergießen.

3 Minuten unter dem vorgeheizten Grill oder 10 Minuten bei 250 °C im vorgeheizten Ofen überbacken.

Überbackene Tortellini

- 250 Tortellini
- Salz
- 2 Knoblauchzehen
- 2 EL Butter
- 400 g Zucchini
- Salz
- frisch gemahlener Pfeffer
- Oregano
- Salbei
- Rosmarin
- Butter für die Form
- 75 g durchwachsener Speck
- 150 g mittelalter Holland-Gouda

- 3 Eier
- 125 g Sahne oder Milch
- grobgemahlener Pfeffer

Die Tortellini nach Packungsanweisung in Salzwasser knapp gar kochen. In ein Sieb abschütten und abtropfen lassen.

Während die Tortellini kochen, die Knoblauchzehen schälen und durch eine Presse drücken. Die Butter in einer Pfanne erhitzen und den Knoblauch darin anschwitzen.

Die Zucchini waschen und auf der Gemüsereibe fein raspeln. Zur Knoblauchbutter in die Pfanne geben und 10 Minuten unter ständigem Wenden dünsten. Salzen, pfeffern und mit den Kräutern würzen.

Eine Auflaufform mit Butter ausstreichen und die Zucchini einfüllen. Den Speck in feine Streifen schneiden und darüber verteilen.

Den Käse auf der Gemüsereibe frisch raffeln und die Hälfte davon über die Zucchini streuen. Die abgetropften Tortellini daraufgeben.

In einer Schüssel die Eier mit der Sahne kräftig verquirlen und gleichmäßig über die Tortellini gießen. Den restlichen Käse darüberstreuen und mit grobem Pfeffer übermahlen.

Im vorgeheizten Ofen bei 200 °C etwa 20 Minuten überbacken.

Schnelles Gemüse-Lamm-Gratin

für 1 Person

- 1/2 Zwiebel
- 1 TL Pflanzenöl
- 150 g Lammgehacktes, ersatzweise Rinderhackfleisch
- Salz
- frisch gemahlener Pfeffer
- 1 EL Iglo Grüne Küche Italienische Kräuter
- 1 TL Tomatenmark
- 1 Packung Iglo Grüne Küche Gemüse Plus Farfalle
- Butter für die Form
- 75 g Appenzeller

Die Zwiebel grob würfeln. In einer Pfanne das Öl erhitzen und die Zwiebel darin glasig dünsten.

Das Hackfleisch hinzufügen und unter stetem Wenden kroß braten, es zerfällt dabei krümelig und bekommt eine graue Farbe. Mit Salz, Pfeffer, den Kräutern und Tomatenmark kräftig abschmecken.

Das Gemüse Plus Farfalle nach Packungsanweisung zubereiten.

Eine Portions-Auflaufform oder ein Pfännchen mit Butter ausstreichen und das Hackfleisch hineingeben. Das Gemüse Plus daraufgeben.

Den Käse auf der Gemüsereibe frisch raffeln und über das Hackfleisch streuen.

Das Gratin unter den vorgeheizten Grill stellen und ca. 10 Minuten überbacken.

Ein grüner Salat mit Essig-Öl-Vinaigrette ist eine ausgezeichnete Begleitung zu diesem kräftigen Gericht.

Einfaches Nudel-Gratin

- 250 g Röhrennudeln
- Salzwasser oder Hühnerbrühe
- 1 EL Butter
- 1/8 l Sahne
- Butter für die Form
- 100 g mittelalter Holland-Gouda

Dieses Rezept entspricht einer Grundzubereitung für ein Nudel-Gratin. Es kann ganz nach Geschmack mit Gemüse, Fleisch, Schinken oder Wurst angereichert werden und eignet sich insbesondere dafür, Reste schmackhaft zu verwerten. Hier sollten Gratinfreunde experimentieren und ganz persönliche Zutaten- und Geschmacksideen entwickeln. Insbesondere bei dem variantenreichen Nudelangebot läßt sich immer wieder eine neu Optik zaubern.

Die Nudeln in sprudelnd kochendes Salzwasser oder eine leichte Hühnerbrühe schütten, umrühren und in ca. 10 Minuten knapp gar kochen, sie sollen noch »Biß« haben. In ein Sieb abschütten, unter fließendem kalten Wasser kurz abschrecken und abtropfen lassen.

Die Butter in dem noch heißen Topf zerlaufen lassen, die Nudeln dazugeben und gut mit der Butter vermischen. Die Sahne dazugießen und durch ständiges Wenden und Schütteln so verteilen, daß die Nudeln gleichmäßig mit der Sahne überzogen sind.

Eine Auflaufform großzügig mit Butter ausstreichen und die Nudeln darin verteilen.

Den Käse auf der Gemüsereibe frisch raffeln und die Nudeln damit bestreuen.

4 Minuten unter dem vorgeheizten Grill oder 10 Minuten bei 250 °C im vorgeheizten Ofen überbacken.

Gratinierte Zöpfli mit Lachs und Blattspinat

250 g Birkel's No. 1 Zöpfli
Salz
2 Eier
100 g saure Sahne
1 Zwiebel
300 g Spinat
2 EL Butter
frisch gemahlener Pfeffer
frisch geriebene Muskatnuß
Butter für die Form
400 g frischer Lachs
150 g Mozzarella

Die Zöpfli in 2-3 l kochendes Salzwasser geben und in 9 Minuten bißfest garen. In ein Sieb abschütten, unter fließendem kalten Wasser abschrecken und gut abtropfen lassen.

Die Eier mit der sauren Sahne verrühren, salzen und die Zöpfli unterheben.

Die Zwiebel schälen und fein würfeln. Den Spinat verlesen, gründlich waschen und abtropfen lassen oder trockenschleudern.

In einer weiteren Pfanne die Butter erhitzen und die Zwiebel darin andünsten. Den Spinat zugeben und kurz dünsten. Mit Salz, Pfeffer und mit Muskat abschmecken.

Eine Auflaufform mit Butter ausstreichen und die Zöpfli einfüllen. Den Spinat daraufschichten.

Den Lachs waschen und mit Küchenpapier trockentupfen. Anschließend in nicht zu breite Streifen, den Mozzarella in Scheiben schneiden und beides über den Spinat verteilen.

Im vorgeheizten Ofen bei 225 °C ca. 25 Minuten gratinieren.

Gabelspaghetti-Gratin mit Pfifferlingen

- 250 g Birkel's No. 1 Gabelspaghetti
- Salz
- 300 g frische Pfifferlinge
- 200 g gekochter Schinken
- Butter für die Form
- 200 g Emmentaler
- 1 Knoblauchzehe
- 10 g Butter
- 20 g Sahne
- Salz
- frisch gemahlener Pfeffer
- frisch geriebene Muskatnuß
- gemischte gehackte Kräuter

Die Gabelspaghetti in 2-3 l kochendes Salzwasser geben und in 9 Minuten bißfest garen. In ein Sieb abschütten, unter fließendem kalten Wasser abschrecken und gut abtropfen lassen.

Die Pfifferlinge putzen, nur bei starker Verschmutzung waschen, ansonsten mit Küchenpapier abreiben. Die Pilze halbieren. Den Schinken in Würfel schneiden.

Die Gabelspaghetti mit den Pfifferlingen und den Schinkenwürfeln mischen. Eine flache, feuerfeste Auflaufform ausbuttern und die Nudelmischung einfüllen.

Den Käse auf der Gemüsereibe frisch raffeln. Die Knoblauchzehe schälen und ganz fein würfeln. Die Butter in einem Topf zerlaufen lassen und den Knoblauch darin schwenken. Die Sahne zugießen und 15 g Käse unter Rühren darin schmelzen lassen, mit Salz, Pfeffer und Muskat kräftig würzen.

Die Käsesahne über die Nudeln gießen und den restlichen Käse darüberstreuen.

Bei 200 °C im vorgeheizten Ofen etwa 30 Minuten überbacken. Mit Kräutern bestreut servieren.

Gratinierte Leberkäserouladen

- 800 g Lauch
- 30 g Butter
- Salz
- frisch gemahlener Pfeffer
- frisch geriebene Muskatnuß
- Sojasauce
- 8 große Scheiben Leberkäse, 3 mm dick geschnitten
- 150 g Pikantje van Gouda
- Butter für die Form
- 1 Bund Petersilie

Den Lauch putzen, das Wurzelende und die dunkelgrünen Blattenden abschneiden. Die Stauden der Länge nach aufschlitzen und gründlich waschen. Quer in 3-5 cm lange Stücke schneiden.

Die Butter in einem Topf erhitzen und die Lauchstücke hineingeben. Den Deckel auflegen und den Lauch 5 Minuten dünsten. Mit Salz, Pfeffer und Muskat würzen und mit Sojasauce abschmecken.

Die Leberkäsescheiben nebeneinander auf der Arbeitsplatte ausbreiten und den Lauch in der Mitte darauf verteilen. Den Käse auf der Gemüsereibe frisch raffeln und mit etwa einem Drittel davon den Lauch bestreuen.

Eine lange Auflaufform mit Butter ausstreichen. Die Leberkäsescheiben aufrollen, mit Zahnstochern feststecken und nebeneinander in die Form setzen. Mit dem restlichen Käse bestreuen.

Bei 180 °C im vorgeheizten Ofen 20 Minuten überbacken. Mit Petersilie bestreut servieren.

Dazu schmeckt ein weiches Kartoffelpüree ganz hervorragend.

Überbackene Lachs-Gemüse-Komposition

- 500 g frischer Spargel
- Salz
- 1 TL Zucker
- 10 g Butter
- 300 g Zuckerschoten
- 2 Lachskoteletts, à 200 g
- 4 EL Fleischbrühe (Instant)
- 4 EL Weißwein
- 150 g Crème fraîche
- 100 g Pikantje van Gouda
- 1 Ei
- 20 g Mandelsplitter
- 1 Bund Kerbel

Den Spargel schälen und jede Stange in 2-3 Stücke teilen. Salzwasser mit Zucker und 5 g Butter zum Kochen bringen, die Spargelstücke einlegen und in ca. 20 Minuten garen. Herausheben und abtropfen lassen.

Die Zuckerschoten entfädeln und waschen. 2-3 Eßlöffel Wasser mit restlicher Butter erhitzen, die Zuckerschoten zugeben und im geschlossenen Topf 5 Minuten dünsten.

Die Fleischbrüche und den Wein zum Kochen bringen, die Lachsschnitzel einlegen und bei reduzierter Hitze in 8-10 Minuten garen. Mit einem Schaumlöffel herausheben, Haut und Gräten entfernen.

Die Spargelstücke, Zuckerschoten und Fischstücke auf einer ofenfesten, tiefen Platte anrichten. Den Käse auf einer Gemüsereibe frisch raffeln.

Crème fraîche mit dem Ei, dem Käse, den Mandelsplittern und mit der Hälfte des gewaschenen, feingezupften Kerbels verrühren und über das Gemüse verteilen.

Im vorgeheizten Ofen bei 200 °C goldbraun überbacken. Vor dem Servieren mit den restlichen Kresseblättchen garnieren.

Hierzu gehören nur noch frisch gekochte Salzkartoffeln, in zerlassener Butter geschwenkt und mit Petersilie bestreut.

Überbackene Chicoréerouladen

- 4 dicke Chicorée
- Salzwasser oder Brühe (Instant)
- 3 EL Zitronensaft
- Salz
- frisch gemahlener Pfeffer
- 4 lange Scheiben gekochter Schinken, 3 mm dick
- 4 Scheiben Pikantje van Gouda, 3 mm dick
- Butter für die Form

- 30 g Butter
- 30 g Mehl
- 1/8 l Chicorée-Kochwasser
- 1/4 l Milch
- 3 EL Crème fraîche
- Salz
- frisch gemahlener Pfeffer
- frisch geriebene Muskatnuß
- 50 g Pikantje van Gouda

Die Chicoréestauden waschen und putzen. Mit einem spitzen, langen Küchenmesser den bitteren Keil am unteren Ende herausschneiden, dabei vorsichtig vorgehen, damit die Blätter innen nicht zu stark »ramponiert« werden. Salzwasser oder eine leichte Fleischbrühe zum Kochen bringen, den Chicorée einlegen und 10-15 Minuten knapp gar kochen. Die Stauden herausheben und gut abtropfen lassen. Mit Zitronensaft beträufeln, salzen und mit Pfeffer übermahlen. Von dem Kochwasser bzw. der Brühe 1/8 l abmessen und beiseite stellen.

Den Chicorée der Länge nach halbieren. Je eine Schinken- und Käsescheibe aufeinanderlegen, wie bei einem Brötchen ganz knapp zwischen die Chicoréehälften legen und aufrollen, der Chicorée soll in der Schinkenscheibe vollständig eingewickelt sein.

Eine entsprechende Auflaufform ausbuttern und die Rouladen nebeneinander einschichten.

Für die Sauce die Butter in einem kleinen Topf aufschäumen lassen. Das Mehl zugeben und unter Rühren einbrennen lassen, ohne daß es Farbe annimmt. Mit dem Chicorée-Kochwasser ablöschen und mit der Milch aufgießen, dabei ständig rühren, damit sich keine Klümpchen bilden und die Sauce nicht am Topfboden ansetzt. Crème fraîche einrühren, mit Salz, Pfeffer und Muskat kräftig abschmecken und über die Chicorée-Rouladen in die Auflaufform gießen.

Den Käse auf der Gemüsereibe frisch raffeln und die Rouladen gleichmäßig damit bestreuen.

Bei 200 °C im vorgeheizten Ofen in 15 Minuten überbacken.

Überbackener Rosenkohl »italienisch«

- 1 kg Rosenkohl
- Salz
- 150 g durchwachsener Räucherspeck
- 1 große Gemüsezwiebel oder 2 mittelgroße Küchenzwiebeln
- 2 mittelgroße Fleischtomaten
- 1 Bund glatte Petersilie
- 10 Basilikumblätter
- frisch gemahlener Pfeffer
- frisch geriebene Muskatnuß
- 200 g saure Sahne
- 50 g Parmesan-Käse

Den Rosenkohl putzen und dabei den kleinen Strunk kreuzweise einschneiden, damit die Kohlköpfchen gleichmäßig gar werden. Gründlich waschen, in sprudelnd kochendes Salzwasser geben und 10 Minuten kochen lassen. In ein Sieb abschütten, ganz kurz unter fließendem kalten Wasser abschrecken, damit der Garprozeß abgebrochen wird, abtropfen und abkühlen lassen.

Während der Rosenkohl kocht, den Speck in möglichst kleine Würfel schneiden. Die Zwiebel(n) schälen und fein hacken. Die Speckwürfel in einer Pfanne ausbraten, die Zwiebelwürfel zufügen und glasig braten. Den Boden einer Auflaufform mit der Hälfte der Speck-Zwiebel-Mischung auskleiden, den Rest beiseite stellen.

Die Tomaten über Kreuz einschneiden, kurz in kochendes Wasser legen, häuten und den Stielansatz mit einem spitzen Messer herausschneiden. Die Tomaten in nicht zu dicke Scheiben schneiden.

Die Kräuter waschen und trockentupfen. Die Petersilie sehr fein, die Basilikumblättchen in Streifen schneiden.

Nun die Hälfte des Rosenkohls in die Form füllen, möglichst eben verteilen, Muskat darüberreiben und mit der Hälfte der Petersilie bestreuen. Dachziegelartig mit den Tomatenscheiben belegen, salzen, pfeffern und mit den Basilikumstreifen bestreuen. Darüber die restliche Speck-Zwiebel-Mischung verteilen und mit dem verbliebenen Rosenkohl belegen. Pfeffern, mit Muskat überreiben und mit Petersilie bestreuen.

Die saure Sahne schön gleichmäßig auf dem Rosenkohl verteilen. Den Parmesan auf dem Gemüsehobel fein reiben und darüberstreuen.

Im vorgeheizten Ofen bei 200 °C in etwa 12 Minuten goldgelb überbacken.

Auberginen mit kerniger Gemüsefüllung

- 2 Auberginen
- 2 Packungen Iglo Grüne Küche Gemüse plus Roggen + Sonnenblumenkerne
- 150 g saure Sahne
- 150 g Schmelzkäse
- frisch gemahlener weißer Pfeffer
- frisch geriebene Muskatnuß
- Butter für die Form

Die Auberginen waschen und mit Küchenpapier trocken tupfen. Der Länge nach halbieren und mit der Schnittseite auf ein mit Backpapier ausgelegtes Backblech legen. Im Backofen bei 180 °C ca. 10 Minuten backen.

In der Zwischenzeit das Gemüse nach Packungsanweisung zubereiten. Die saure Sahne in einem Topf erwärmen, den Schmelzkäse in kleinen Stücken dazugeben und unter ständigem Rühren bei nicht so starker Hitze in der Sahne schmelzen. Sobald sich beides zu einer glatten Käsecreme vermischt hat, mit Pfeffer und Muskat kräftig abschmecken.

Die Auberginen zur Hälfte mit einem Löffel aushöhlen, dabei einen Rand von ca. 1 cm stehen lassen. Die Fruchtschalen ersetzen die Auflaufform und sind ein attraktiver Blickfang.

Das ausgelöste Fruchtfleisch zerkleinern und unter das Gemüse mischen. Die Gemüsefüllung in die Auberginenhälften verteilen. Die Käsecreme darüberstreichen.

Die gefüllten Auberginen in eine gefettete Auflaufform oder auf ein mit Backpapier ausgelegtes Blech legen. Bei 200 °C im vorgeheizten Ofen ca. 10 Minuten überbacken.

Mit knusprigem Baguette serviert, sind die gratinierten Auberginen ein Gericht, das Gäste zu Hause immer wieder beeindruckt.

Feines Wurst-Gemüse-Gratin

- 200 g Sahne
- 100 g mittelalter Gouda
- Salz
- frisch gemahlener Pfeffer
- 1/2 TL Currypulver
- 1 kleine Zucchini
- 2 Möhren
- 1 grüne Paprikaschote
- 300 g Brokkoli
- Butter für die Form
- 2 Packungen Zimbo Sandwich Salami (à 120 g)
- 2 Packungen Delikatess Schinkenwurst (à 200 g)
- 50 g Butter

Bei diesem Rezept sollte zuerst die Gratinsauce zubereitet werden. Sie wird leicht warm gehalten, damit sie nicht zu stark eindickt.

Für die Sauce die Sahne in einem Topf etwas einkochen lassen. Währenddessen den Käse auf einer Gemüsereibe frisch raffeln, zur Sahne geben und unter ständigem Rühren darin schmelzen. Pikant mit Salz, Pfeffer und Curry abschmecken und zur Seite stellen.

Zucchini, Möhren und Paprikaschote waschen. Die Zucchini quer und dann der Länge nach halbieren und in Streifen schneiden. Mit den Möhren ebenso verfahren. Die Paprikaschote durchschneiden, Samen und Scheidewände entfernen und das Fruchtfleisch in Streifen schneiden. Die Streifen des Gemüses sollen möglichst gleich lang und dick sein.

Den Brokkoli putzen, waschen und zusammen mit den Gemüsestreifen in Salzwasser ca. 5-8 Minuten garen. In ein Sieb abgießen und abtropfen lassen.

Eine nicht zu hohe Auflaufform mit Butter ausstreichen. Die Wurstscheiben jeweils einmal zusammenklappen und in die Form legen. Das Gemüse darauf verteilen und die Wurstscheiben über dem Gemüse zusammenlegen. Alles mit der Käse-Sahne-Sauce übergießen.

Im vorgeheizten Ofen bei 175 °C ca. 15 Minuten überbacken.

Buntes Gemüse unter einer Mozzarellakruste

2 Packungen Iglo Grüne Küche Rahm-Farmers Gemüse
100 g Parmaschinken
Öl für die Form
4 Tomaten
1 Packung Iglo Grüne Küche Basilikum
Salz
frisch gemahlener weißer Pfeffer
200 g Mozzarella

4 EL Olivenöl
2 Spritzer Zitronensaft
3 Knoblauchzehen
8 Baguettescheiben

Das Gemüse nach Packungsaufschrift zubereiten. Den Parmaschinken in feine Streifen schneiden und unter das Gemüse heben.

Eine flache Auflaufform mit Öl auspinseln und die Gemüse-Schinken-Mischung einfüllen. Tomaten über Kreuz einschneiden, kurz in kochendes Wasser tauchen, häuten, in Scheiben schneiden und auf der Gemüse-Schinken-Mischung anrichten. Mit Basilikum bestreuen und mit Salz und Pfeffer würzen.

Den Mozzarella in dünne Scheiben schneiden und die Tomaten damit belegen. Im vorgeheizten Ofen bei 200 °C den Mozzarella verlaufen und leicht bräunen lassen.

Öl, Zitronensaft, die zerdrückten Knoblauchzehen, Salz und Pfeffer verrühren und die Baguettescheiben damit bestreichen. Im Backofen mit Oberhitze oder unter dem Grill kroß backen. Das gratinierte Gemüse auf flachen Tellern anrichten und pro Portion mit 2 Scheiben Knoblauchbaguette servieren.

Gratin mediterranée

- 1 Zwiebel
- 1 Knoblauchzehe
- 450 g geschälte Tomaten (Dose)
- 250 g Zucchini
- 250 g Auberginen
- 1 EL Olivenöl
- 500 g gemischtes Hackfleisch
- Rosmarin
- Thymian
- Salz
- frisch gemahlener schwarzer Pfeffer
- 1/2 l Fleischbrühe
- 250 g Langkornreis
- Olivenöl für die Form
- 100 g alter Holland-Gouda

Die Zwiebel und die Knoblauchzehe schälen und fein hacken. Die Tomaten in ein Sieb schütten und abtropfen lassen, den Saft auffangen.

Die Zucchini und Auberginen putzen, waschen und mit Küchenpapier abtrocknen. Die Zucchini zunächst der Länge nach halbieren und dann quer in fingerdicke Scheiben schneiden. Die Auberginen grob würfeln.

In einer großen Pfanne das Olivenöl erhitzen. Das Hackfleisch hineingeben und anbraten. Zwiebel und Knoblauch zufügen und unter ständigem Wenden so lange braten, bis das Hackfleisch krümelig zerfällt und eine graue Farbe angenommen hat.

Die Zucchinischeiben, Auberginenwürfel sowie die Tomaten zum Hackfleisch geben, gut vermischen und mit Rosmarin, Thymian, Salz und Pfeffer kräftig abschmecken. Die Pfanne mit einem Deckel schließen und das Ganze etwa eine halbe Stunde köcheln lasen.

In der Zwischenzeit die Brühe zum Kochen bringen. Den Reis gründlich waschen, in die Brühe einstreuen und bei reduzierter Hitze in 20 Minuten ausquellen lassen.

Eine Auflaufform mit Olivenöl auspinseln. Den Reis zum Hackfleisch in die Pfanne geben, alles gut vermischen und in die Auflaufform füllen.

Den Käse auf der Gemüsereibe frisch raffeln und die Mischung in der Form gleichmäßig damit bestreuen.

10 Minuten unter dem Grill oder 15 Minuten bei 250 °C im vorgeheizten Ofen überbacken.

Kohlrabi-Kartoffel-Gratin

- 80 g Sonnenblumenkerne
- 150 g mittelalter Gouda
- 2 Scheiben Vollkornbrot (80-100 g)
- 150 g Zwiebeln
- 500 g Kohlrabi
- 500 g Kartoffeln
- 30 g Butter
- 2 Handvoll Kerbel (ersatzweise Petersilie und einige Liebstöckelblätter)
- Kräutersalz
- wenig Currypulver (oder Delikata aus dem Reformhaus)
- frisch geriebene Muskatnuß
- frisch gemahlener weißer Pfeffer
- Butter für die Form
- 4 EL Joghurt
- 160 g Sahne
- 2 Eier

Die Sonnenblumenkerne in einer trockenen Pfanne goldgelb rösten. 3 Eßlöffel beiseite stellen.

Nacheinander den Käse und das Vollkornbrot im Mixer zerkleinern. 4 Eßlöffel Käse mit den Sonnenblumenkernen und den Brotbröseln vermischen.

Die Zwiebeln schälen und grob würfeln. Die Kohlrabi schälen, einige zarte Blättchen aufbewahren. Die Kartoffeln unter fließendem Wasser sauber bürsten, wenn nötig, dünn schälen. Die Kohlrabi und die Kartoffeln grob raspeln.

Die Butter in einer großen Pfanne erhitzen und die Zwiebelwürfel darin glasig anschwitzen. Die Kohlrabi- und Kartoffelraspel zufügen, gut durchschwenken und nach etwa 7 Minuten den Pfanneninhalt in eine große Schüssel füllen.

Die Kohlrabiblättchen und den Kerbel fein hacken und zusammen mit dem restlichen Käse unter die Kartoffel-Kohlrabi-Mischung rühren. Mit Kräutersalz, Curry, Muskat und Pfeffer kräftig abschmecken.

Eine Auflaufform mit Butter ausstreichen und die Mischung einfüllen.

In einer Schüssel den Joghurt mit der Sahne und den Eiern gründlich verrühren, mit Salz, Pfeffer und Muskat abschmecken und über die Kartoffel-Kohlrabi-Mischung gießen. Die Bröselmischung darüber verteilen und mit den zurückbehaltenen Sonnenblumenkernen bestreuen.

Bei 200 °C im vorgeheizten Ofen in 20 Minuten überbacken, die Kruste soll schön knusprig sein.

Dazu paßt ein gemischter Blattsalat der Saison.

Gratiniertes Fischfilet auf Safranreis

400 g Fischfilet (z. B. Lachsforellenfilet)
Zitronensaft
Salz
frisch gemahlener Pfeffer
1 Zwiebel
1 EL Mazola Keimöl
1 Packung tiefgefrorener Blattspinat (300 g)
80 g Reis
1 Messerspitze gemahlener Safran

1/8 l Milch
1/8 l Wasser
2 1/2 gehäufte EL Mondamin Klassische Mehlschwitze, hell
Salz
frisch gemahlener Pfeffer
75 g Gouda-Käse

Butter für die Form
50 g Shrimps

Die Fischfilets mit Zitronensaft beträufeln und mit Salz und Pfeffer bestreuen. Beiseite stellen und durchziehen lassen.

Die Zwiebel schälen und in kleine Würfel schneiden. Das Öl in einer großen Pfanne erhitzen und die Zwiebel andünsten. Den gefrorenen Spinatblock dazugeben und dünsten, bis alle Flüssigkeit verdampft ist. Mit Salz und Pfeffer abschmecken und beiseite stellen.

Den Reis waschen, in kochendes Salzwasser schütten und in etwa 20 Minuten ausquellen lassen. Den Safran gut untermischen.

Für die Gratinsauce die Milch mit dem Wasser aufkochen. Die Mehlschwitze mit dem Schneebesen einrühren und 1 Minute kochen lassen. Mit Salz und Pfeffer abschmecken. Den Käse auf der Gemüsereibe frisch raffeln und unter die Béchamelsauce rühren.

Eine flache Auflaufform mit Butter ausstreichen. Den Reis schön flach einfüllen. Das Fischfilet in Stücke schneiden und auf den Reis legen. Den Blattspinat über den Fisch verteilen und die Shrimps daraufgeben. Die Käsesauce darübergießen und alles gleichmäßig damit bedecken.

Im vorgeheizten Ofen bei 200 °C in etwa 20 Minuten überbacken.

Muschel-Gratin

- 2 Gläser Muschelfleisch (naturell)
- 500 g frische Champignons
- Butter für die Förmchen
- 250 g Pikantje van Gouda
- 1/8 l trockener Weißwein
- 6 EL Sahne
- 1 TL Speisestärke
- Salz
- frisch gemahlener Pfeffer
- frisch geriebene Muskatnuß
- 2 TL Zitronensaft
- krause Petersilie

Die Muscheln in ein Sieb schütten, kurz unter fließendem kalten Wasser abspülen und gut abtropfen lassen.

Die Champignons putzen und nur bei Bedarf waschen. Die Stiele möglichst daranlassen und die Pilze so in dünne Scheiben schneiden, daß die Pilzform sichtbar bleibt.

Muschelschalen oder Portions-Gratinförmchen dick mit Butter ausstreichen. Die Muscheln und die Champignons gleichmäßig darin verteilen.

Den Käse auf der Gemüsereibe fein raffeln. In einem Topf den Wein mit der Sahne erhitzen und den Käse zufügen. Unter ständigem Rühren den Käse schmelzen, er soll sich mit der Flüssigkeit ganz glatt verbinden. Die Speisestärke in wenig kaltem Wasser anrühren und die Sauce damit binden. Einmal aufkochen lassen. Mit Salz, Pfeffer und Muskat kräftig würzen und mit Zitronensaft abschmecken. Die Sauce über die Muscheln gießen.

Bei 200 °C im vorgeheizten Ofen 10-15 Minuten überbacken. Mit Petersiliensträußchen garnieren und sofort servieren.

Dazu frisches Stangenweißbrot reichen. Oder: Weißbrotscheiben toasten und mit Knoblauch einreiben oder mit Knoblauchbutter bestreichen.

Gratinierte Austern mit Lauch

- 24 frische Austern
- etwa 200 ml trockener Weißwein (z. B. Elsässer Riesling)
- 150 g Crème fraîche
- 75 g Sahne
- 1 Prise Zucker
- 3 Stangen Lauch (nur die hellen Teile, 300 g geputzt gewogen)
- 30 g Butter
- frisch gemahlener weißer Pfeffer
- Salz
- 150 g Comté-Käse

Die Austern aufbrechen. Dazu ein Tuch auf die linke Handfläche legen, die Auster mit der gewölbten Seite nach unten darauflegen und an der breitesten Stelle sicher festhalten. Mit einem Austernmesser an der unteren schmalen Seite das sog. Schloß durchtrennen. Von da aus das Messer zwischen den Schalen rundum führen und die Schalen trennen. Das Wasser in eine Schale ablaufen lassen. Das Muschelfleisch auslösen, in die größere Schalenhälfte füllen und diese in Gratinformen setzen. Kühl stellen.

Das Austernwasser durch ein Sieb in einen Meßbecher geben und mit dem Wein auf 300 ml auffüllen. Mit Crème fraîche vermischen und im offenen Topf bei mittlerer Hitze cremig einkochen lassen. Dabei nach und nach die Sahne hinzufügen. Mit Zukker würzen.

Den Lauch putzen, der Länge nach halbieren, waschen und abtropfen lassen. Die Stangen quer in ganz feine Streifen schneiden.

Die Butter in einem Topf erhitzen und den Lauch darin glasig dünsten. Mit der Austernsauce vermischen und mit Pfeffer und eventuell etwas Salz würzen. Den Lauch über die Austern verteilen.

Den Käse auf der Gemüsereibe frisch raffeln (möglichst fein) und gleichmäßig über die Sauce streuen.

Bei 225 °C im vorgeheizten Ofen etwa 10 Minuten überbacken, bis der Käse geschmolzen ist.

Mit frischem Baguette und Elsässer Riesling als kleines Hauptgericht servieren. Als Vorspeise sind 3 Austern pro Person ausreichend.

Überbackene Kabeljau-Filets im Gemüsebett

Mikrowellen-Rezept

- 1 Packung Iglo Feine Kabeljau-Filets
- 1 EL Zitronensaft
- Salz
- 1 Packung Iglo Grüne Küche-Farmers Gemüse
- 1 EL Mehl
- 100 ml trockener Weißwein
- 100 ml Sahne
- 2 EL Crème fraîche

Die tiefgefrorenen Fischfilets aus der Packung nehmen, auf einen Teller legen und mit Mikrowelle mittlere Stufe etwa 2 Minuten antauen lassen.

Die Filets voneinander lösen, in die Mitte einer Gratinform (26 cm lang) legen, mit Zitronensaft beträufeln und salzen.

Das tiefgefrorene Gemüse um die Fischfilets in die Form geben.

Die restlichen Zutaten miteinander verrühren und gleichmäßig über die Fischfilets und das Gemüse verteilen. Die Form auf den niedrigen Rost in das Mikrowellengerät stellen. Das Gericht auf höchster Stufe in etwa 15 Minuten garen. Anschließend 5 Minuten mit dem Grill überbacken. Noch 5 Minuten ruhen lasen, dann servieren.

Für Mikrowellengeräte, die mit einem zuschaltbaren Grill ausgestattet sind, gelten folgende Garzeiten: 10 Minuten bei höchster Mikrowellenleistung. Anschliessend noch 5 Minuten bei höchster Stufe plus Grill. Die Garzeiten verkürzen sich auf diese Weise um insgesamt 5 Minuten.

Fisch-Gratin mit Frischkäse-Kräuterkruste

600 g Fischfilet, (z. B. Seelachs, Thunfisch, Dorsch, Goldbarsch)
Salz
frisch gemahlener Pfeffer
2 Tomaten (300 g)
1 Bund Basilikum
2 Knoblauchzehen
1 EL Olivenöl für die Form
2 kleine Zucchini (300 g)
1 Becher (150 g) Bresso leicht Frischkäse mit französischen Kräutern
5 EL trockener Weißwein
2 EL feingeriebenes Weißbrot oder Paniermehl

Die Fischfilets unter fließendem kalten Wasser abspülen, mit Küchenpapier trockentupfen. Auf beiden Seiten mit Salz und Pfeffer würzen.

Die Tomaten über Kreuz einritzen und kurz in kochendes Wasser tauchen, häuten, halbieren, entkernen und das Fruchtfleisch würfeln. Das Basilikum waschen und fein schneiden. Die Knoblauchzehen schälen und fein hacken.

Den Boden einer flachen Auflaufform mit dem Olivenöl bestreichen. Die Filets nebeneinander hineinlegen, Basilikum, Knoblauch und die Tomatenwürfel darauf verteilen.

Die Zucchini waschen, quer in dünne Scheiben schneiden, schuppenförmig auf den Filets anordnen und mit Salz bestreuen.

Den Frischkäse mit dem Weißwein und den Brotbröseln oder dem Paniermehl verrühren und die Filets damit überziehen.

Bei 200 °C im vorgeheizten Ofen 20 Minuten überbacken.

Soufflés

Die zartesten aller Aufläufe, sie steigen und fallen

Grundzubereitung Käse-Soufflé

50 g Butter
70 g Mehl
1/4 l Milch
4 Eigelb
200 g alter Holland-Gouda, auf der Gemüsereibe frisch geraffelt
frisch gemahlener Pfeffer
frisch geriebene Muskatnuß
Salz nach Bedarf
4 Eiweiß
Butter für die Form

1. In einem weiten Topf - am besten ist einer mit abgeschrägter Außenwand - die Butter goldgelb aufschäumen lassen. Das Mehl hineinschütten und unter Rühren mit dem Schneebesen mit leichter Farbe anschwitzen.

2. Mit etwas von der Milch ablöschen und unter ständigem Rühren die restliche Milch zugießen. Sobald die Mehlschwitze bindet und glatt ist, noch ca. 10 Minuten bei milder Hitze köcheln lassen, das Mehl muß vollständig ausquellen, die Sauce leicht einkochen.

3. Den Topf vom Herd ziehen und die Masse kurz abkühlen lassen. Nacheinander die Eigelbe einrühren.

4. Den frisch geriebenen Käse kräftig unterziehen, er soll bereits weitestgehend schmelzen. Mit Pfeffer und Muskat würzen. Vorsichtig salzen, der Käse gibt noch Salz ab beim Erhitzen.

5. Das Eiweiß zu steifem Schnee schlagen und diesen mit einem Spatel vorsichtig unter die Masse heben.

6. Eine geradwandige Souffléform oder Portionsförmchen mit Butter ausstreichen. Die Soufflémasse bis daumenbreit unter den Rand einfüllen, sie steigt beim Garen in die Höhe. Bei 180 °C im vorgeheizten Ofen ca. 35 Minuten (große Form)/20 Minuten (Portionsförmchen) backen. Sofort servieren, ein Soufflé fällt schnell wieder zusammen.

Schinken-Soufflé

- 20 g Butter
- 15 g Mehl
- 1/8 l Milch
- 60 g milder Schinkenspeck, roher oder gekochter Schinken (ganz nach Belieben)
- 60 g alter Holland-Gouda
- 2 Eiweiß
- Salz
- 2 Eigelb
- Madeira oder süßer Sherry
- frisch gemahlener Pfeffer
- Butter für die Förmchen

In einem weiten Topf die Butter goldgelb aufschäumen lassen. Das Mehl hineinschütten und unter Rühren mit leichter Farbe anschwitzen. Mit der Milch ablöschen und so lange weiterrühren, bis die Mehlschwitze glatt ist und bindet. Bei milder Hitze 10 Minuten köcheln lassen.

Den Schinken in sehr feine Würfel schneiden (oder mit 1 EL Brühe im Mixer pürieren). Den Käse auf der Gemüsereibe frisch raffeln. Das Eiweiß mit etwas Salz zu steifem Schnee schlagen.

Die Mehlschwitze vom Herd nehmen. Nacheinander die Eigelbe, den Schinken und den Käse einrühren. Mit Madeira oder Sherry abschmecken und mit Pfeffer würzen. Zuletzt den Eischnee unterheben.

4 Souffléförmchen mit Butter ausstreichen und die Soufflémasse bis daumenbreit unter den Rand einfüllen.

Bei 180 °C im vorgeheizten Ofen 20 Minuten backen. Sofort servieren.

Brokkoli-Soufflé

- 1 Packung tiefgekühlter Brokkoli (300 g)
- 4 EL Fleischbrühe
- 20 g Butter
- 15 g Mehl
- 1/8 l Milch
- 100 g mittelalter Holland-Gouda
- 3 Eigelb
- frisch gemahlener weißer Pfeffer
- frisch geriebene Muskatnuß
- 3 Eiweiß
- Salz
- Butter für die Form

Den Brokkoli aus der Packung nehmen. Die Fleischbrühe in einem Topf erhitzen und den Brokkoli darin bei milder Hitze auftauen. Wer ein Mikrowellengerät hat, kann diesen Vorgang nach Packungsaufschrift abkürzen.

Die Röschen von den Stielen trennen und beiseite legen. Die Stiele mit der Brühe im Mixer pürieren.

Die Butter in einem weiten Topf goldgelb aufschäumen lassen. Das Mehl hineinschütten und unter Rühren mit leichter Farbe anschwitzen. Mit der Milch ablöschen und so lange rühren, bis die Sauce glatt ist und bindet. Bei milder Hitze noch 10 Minuten köcheln lassen.

Inzwischen den Käse auf der Gemüsereibe fein raffeln.

Den Topf vom Herd nehmen. Das Brokkolipüree einrühren, die Eigelbe zugeben und mit Pfeffer und Muskat abschmecken.

Das Eiweiß mit etwas Salz zu steifem Schnee schlagen und unter die Masse heben.

Eine große Souffléform ausbuttern. Die Brokkoliröschen auf dem Boden verteilen und die Soufflémasse bis daumenbreit unter den Rand einfüllen.

Bei 180 °C im vorgeheizten Ofen 40 Minuten backen. Sofort servieren.

Krabben-Soufflé mit Dill

- 1/8 l Milch
- 1/8 l Sahne
- etwa 5 gehäufte EL (50 g) Mondamin Klassische Mehlschwitze, hell
- 1 Bund Dill
- 150 g Krabbenfleisch
- 4 Eigelb
- Salz
- frisch gemahlener Pfeffer
- frisch geriebene Muskatnuß
- 4 Eiweiß
- Butter für die Förmchen

In einem weiten Topf die Milch mit der Sahne aufkochen, die Mehlschwitze mit dem Schneebesen einrühren und 1 Minute unter Rühren kochen lassen.

Den Dill waschen, trockentupfen und fein hacken.

Dill und Krabbenfleisch in die Sauce rühren. Den Topf vom Herd nehmen und nacheinander die Eigelbe unterziehen. Mit Salz, Pfeffer und Muskat würzen.

Das Eiweiß mit etwas Salz zu steifem Schnee schlagen und unter die Masse heben.

4 Souffléförmchen mit Butter ausstreichen und die Masse bis daumenbreit unter den Rand einfüllen.

Bei 180 °C im vorgeheizten Ofen 20 Minuten backen. Sofort servieren.

Soufflé-Tomaten

- 4 gleichmäßig große Fleischtomaten
- frisch gemahlener Pfeffer
- Thymian
- Semmelbrösel
- 30 g Butter
- 35 g Mehl
- 1/4 l Milch
- 100 g Pikantje van Gouda
- 1 kleine Zwiebel
- 2 Eigelb
- frisch gemahlener Pfeffer
- frisch geriebene Muskatnuß
- Salz
- 2 Eiweiß
- Butter für die Form

Von den Tomaten oben eine Kappe abschneiden und die Früchte vollständig aushöhlen. Es soll nur das trockene Fruchtfleisch stehen bleiben. Den Boden neben dem Blütenansatz mehrmals mit einem Zahnstocher einstechen. Die Tomaten innen mit Pfeffer und Thymian würzen und mit Semmelbröseln ausstreuen.

Die Butter in einem weiten Topf goldgelb aufschäumen lassen. Das Mehl hineinschütten und unter Rühren mit leichter Farbe anschwitzen. Mit etwas Milch ablöschen und bei ständigem Rühren die ganze Milch zugeben. So lange rühren, bis die Sauce glatt ist und bindet. Bei milder Hitze noch 10 Minuten köcheln lassen.

Inzwischen den Käse auf der Gemüsereibe fein raffeln. Die Zwiebel schälen und fein hacken.

Den Topf vom Herd nehmen. Den Käse und die Zwiebel einrühren. anschließend die Eigelbe unterziehen und mit Pfeffer, Muskat und Salz kräftig abschmecken.

Das Eiweiß mit einer Prise Salz zu steifem Schnee schlagen und unter die Masse heben.

Eine feuerfeste Form mit Butter ausstreichen. Die Soufflémasse in die Tomaten füllen und diese in die Form setzen.

Bei 180 °C im vorgeheizten Ofen 25-30 Minuten backen. Sofort servieren.

Zucchini-Soufflé mit Sesam

- 30 g gemahlener Sesam
- 1/8 l Milch
- 1/8 l saure Sahne
- etwa 5 gehäufte EL (50 g) Mondamin Klassische Mehlschwitze, hell
- 250 g Zucchini
- 1-2 EL Zitronensaft
- 5 Eigelb
- Salz
- frisch gemahlener Pfeffer
- frisch geriebene Muskatnuß
- 5 Eiweiß
- Butter für die Form

Den Sesam in einem weiten Topf ohne Fett kurz anrösten und etwas abkühlen lassen.

Die Milch mit der sauren Sahne dazugießen und aufkochen. Die Mehlschwitze mit dem Schneebesen einrühren und 1 Minute unter Rühren kochen lassen.

Die Zucchini waschen, mit Küchenpapier abtrocknen und auf der Gemüsereibe grob raspeln.

Den Topf vom Herd nehmen. Nacheinander die Zucchiniraspel, Zitronensaft und die Eigelbe unter die Sauce ziehen. Mit Salz, Pfeffer und Muskat kräftig abschmecken.

Das Eiweiß mit einer Prise Salz zu steifem Schnee schlagen und unter die Masse ziehen.

Eine Souffléform mit Butter ausstreichen. Die Soufflémasse bis daumenbreit unter den Rand einfüllen. Im vorgeheizten Ofen bei 180 °C 40 Minuten backen. Sofort servieren.

Möhren-Soufflé mit Schinken

- 300 g Möhren
- 1/8 l Wasser
- 1 getrichener TL Knorrox Fleischsuppe (Instant)
- 1/8 l Milch
- etwa 3 gehäufte EL (30 g) Mondamin Klassische Mehlschwitze, hell
- 125 g gekochter Schinken
- 1 Bund Petersilie
- 100 g Frischkäse
- 3 Eigelb
- Salz
- frisch gemahlener Pfeffer
- frisch geriebene Muskatnuß
- 3 Eiweiß
- Butter für die Form

Die Möhren putzen, waschen und in Stücke schneiden.

Das Wasser zum Kochen bringen, die Fleischsuppe einrühren und die Möhrenstücke hineingeben. In etwa 10 Minuten weich garen. Die Möhren in ein Sieb schütten, abtropfen lassen, im Mixer pürieren und abkühlen lassen.

Die Milch in einem weiten Topf aufkochen. Die Mehlschwitze mit dem Schneebesen einrühren und 1 Minute unter Rühren kochen lassen. Den Topf vom Herd nehmen.

Den Schinken in ganz feine Würfelchen schneiden, die Petersilie waschen und sehr fein schneiden. Zusammen mit dem Frischkäse unter die Sauce rühren. Das Möhrenpüree einarbeiten und die Eigelbe unterziehen. Mit Salz, Pfeffer und Muskat kräftig abschmecken.

Das Eiweiß mit einer Prise Salz zu steifem Schnee schlagen und unter die Masse heben.

Eine Souffléform mit Butter ausstreichen. Die Soufflémase bis daumenbreit unter den Rand einfüllen. Bei 180 °C im vorgeheizten Ofen etwa 35 Minuten backen. Sofort servieren.

Spinat unter der Souffléhaube

- 1 kg frischer Spinat
- 50 g Frühstücksspeck
- 2 Zwiebeln
- 2 Knoblauchzehen (nach Belieben)
- 60 g Butter
- 3 Eigelb
- Salz
- frisch gemahlener Pfeffer
- frisch geriebene Muskatnuß
- Butter für die Form
- 150 g alter Holland-Gouda
- 3 Eiweiß

Den Spinat verlesen und putzen, waschen und abtropfen lassen. Den Speck fein würfeln. Die Zwiebeln schälen und fein hacken. Die Knoblauchzehen schälen und ganz fein hacken.

In einem großen weiten Topf die Butter erhitzen und den Speck darin ausbraten. Die Zwiebelwürfel und nach Belieben den Knoblauch zufügen und glasig anschwitzen. Den Spinat hineingeben, den Topf mit einem Deckel schließen und den Spinat in 3-4 Minuten zusammenfallen lassen.

Den Topf vom Herd nehmen, kurz ausdampfen lassen und nacheinander die Eigelbe untermischen. Mit Salz, Pfeffer und Muskat kräftig abschmecken.

Eine Souffléform mit Butter ausstreichen und den Spinat einfüllen.

Den Käse auf der Gemüsereibe frisch raffeln. Das Eiweiß mit einer Prise Salz zu steifem Schnee schlagen und den Käse mit einem Spatel unterheben. Den Käseschnee über den Spinat verteilen.

Bei 180 °C im vorgeheizten Ofen in ca. 20 Minuten backen. Sofort servieren.

Register

Quellenangaben

Wir danken den Firmen und Agenturen für ihre Unterstützung in der Bebilderung dieses Buches und für die Überlassung der Ergebnisse ihrer Versuchsküchen.

Birkel / The Food Professionals, Sprockhövel
Seiten 55, 57, 113, 115

Bresso Frischkäse / Komplett-Büro, München
Seiten 83, 101, 141

CMA, Centrale Marketing-Gesellschaft der deutschen Agrarwirtschaft mbH, Bonn
Seiten 13, 19, 21, 23, 29, 33, 77, 81, 99

Deutscher Brauer-Bund e. V., Bonn
Seiten 31, 49

Du darfst / Segmenta PR, Hamburg
Seiten 51, 103

Fischwirtschaftliches Marketing-Institut, Bremerhaven
Seiten 69, 71

Knorr/Maizena Koch- und Back-Centrum, Heilbronn
Seiten 35, 45, 59, 133, 143, 151, 155, 157

Langnese Iglo GmbH, Hamburg
Seiten 67, 97, 109, 123, 127

Langnese Iglo GmbH / Sharp, Hamburg
Seiten 79, 139

Maggi Kochstudio, Frankfurt
Seite 25

Schwartauer Werke GmbH & Co., Bad Schwartau
Seiten 73, 75

Sopexa, Förderungsgemeinschaft für französische Landwirtschaftserzeugnisse, Düsseldorf
Seiten 85, 95, 137

USA Sonnenblumenkerne / Komplett-Büro, München
Seiten 91, 131

Zimbo / The Food Professionals, Sprockhövel
Seite 125

Alle anderen Niederländisches Büro für Milcherzeugnisse (Frau Antjes Feinschmecker-Studio), Aachen

Eine Frage an alle Leser: Kennen Sie die gute Holland-Butter?